新版

大学4年間の

マーケティング
見るだけノート

監修
平野 敦士 カール
Carl Atsushi Hirano

宝島社

新版

大学4年間の

マーケティング
見るだけノート

監修｜平野 敦士 カール｜Carl Atsushi Hirano

宝島社

マーケティングとは
販売を不要にすること?

マーケティングって企業がモノを売るための方法で、販売を促進することでしょ?　私には関係ない。難しそうだし。

多くの方がそんな印象を持っているのではないでしょうか?

しかし、マーケティングと販売は異なります。マーケティングとは販売を不要にすることだといわれており、モノが売れないとされる現代において、マーケティングの重要性は増しているのです。どんなに素晴らしい商品やサービスをつくっても、それが社会のニーズに合わなければ売れず、利益を上げることはできません。

また、広告宣伝や口コミ(バイラルマーケティング)にも、急速に普及したスマートフォンや、FacebookやInstagramなどのソーシャルメディア、Googleなどの検索エンジンメディアに見られるように、IT技術の進歩によって複雑化かつ根本的な変革が起きています。インターネット広告の世界では、アドテクといわれるテクノロジーの進化によって広告のあり方が激変しました。

私は長年、早稲田大学ビジネススクール(WBS)で最先端のITマーケティングを教えていましたが、マーケティングが一般の方

にわかりにくいとされている大きな要因は、SEOなどの横文字が多く、専門用語あるいはバズワード（流行の言葉）が多いことではないかと思います。しかし、言葉の意味さえわかれば内容自体は難しくなく、誰でも理解できるものなのです。

そこで本書では、まったくマーケティングを学んだことがない方でも、イラストと会話を多く含む構成でマーケティングの基礎を俯瞰（ふかん）できるようにしました。

また、本書でマーケティングに興味を持った方は、ぜひ拙著『カール教授のビジネス集中講義 マーケティング』（朝日新聞出版）にて、さらに深く学んでいただきたいと思います。

加えて、マーケティングだけでなく経営学全般について学びたい方は、本書の姉妹本である『大学4年間の経営学見るだけノート』（宝島社）も併せて読まれると、一層理解が深まると思います。

本書をお読みになり、みなさまのマーケティング力が飛躍することを切に願います。

平野 敦士 カール

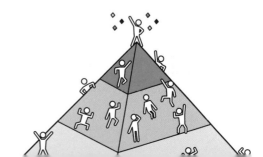

マーケティングは
ビジネスに欠かせない！

マーケティングは企業と消費者をつなぐもので、
「販売を不要にする」といわれるほど、大きな力を持っています。

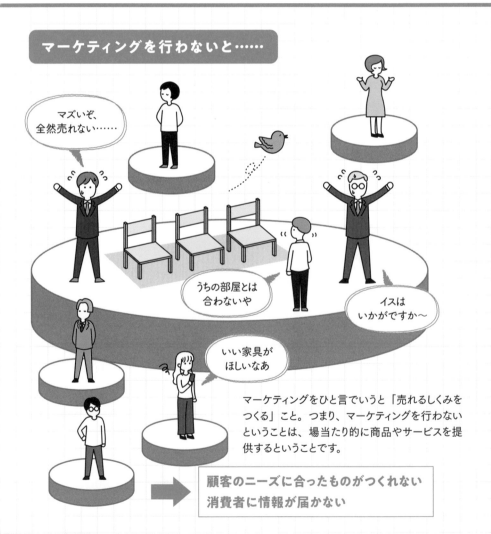

マーケティングを行わないと……

マズいぞ、
全然売れない……

うちの部屋とは
合わないや

イスは
いかがですか〜

いい家具が
ほしいなあ

マーケティングをひと言でいうと「売れるしくみを
つくる」こと。つまり、マーケティングを行わない
ということは、場当たり的に商品やサービスを提
供するということです。

顧客のニーズに合ったものがつくれない
消費者に情報が届かない

マーケティングを行うと……

顧客のニーズを把握し、自社の情報を消費者にしっかり届ける。それこそがマーケティングであり、企業活動をするうえで欠かせないことなのです。

 顧客のほしいもの＝売れるものがわかる
情報をターゲットにしっかり届けられる

本書を通して学べる マーケティングの知識

本書では、マーケティングの概念や理論から、大企業のビジネスモデルまで解説しています。ひと通り読むだけで、最新のマーケティングの基本がわかります。

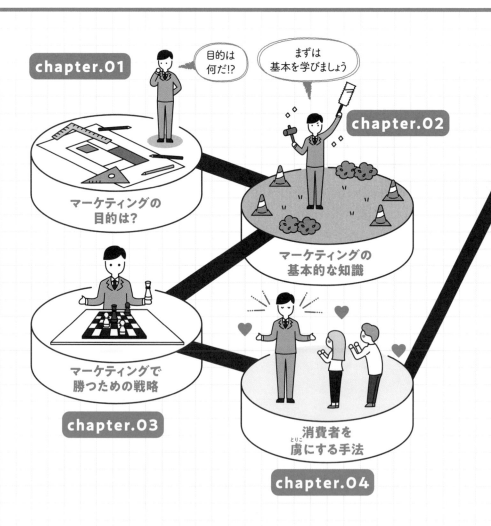

chapter.01
目的は何だ!?
まずは基本を学びましょう
chapter.02
マーケティングの目的は?
マーケティングの基本的な知識
マーケティングで勝つための戦略
chapter.03
消費者を虜にする手法
chapter.04

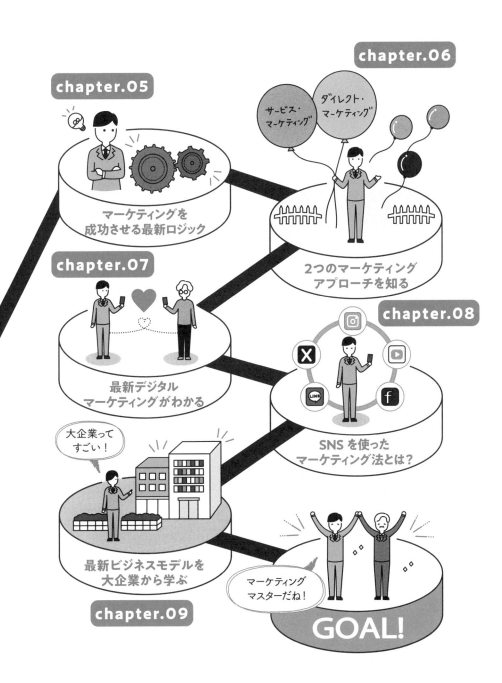

chapter.05 マーケティングを成功させる最新ロジック

chapter.06 2つのマーケティングアプローチを知る

サービス・マーケティング
ダイレクト・マーケティング

chapter.07 最新デジタルマーケティングがわかる

chapter.08 SNSを使ったマーケティング法とは?

chapter.09 最新ビジネスモデルを大企業から学ぶ

大企業ってすごい!

マーケティングマスターだね!

GOAL!

chapter.01
マーケティングは何のためにある?

chapter.02
マーケティングの基本

chapter.03
さまざまな
マーケティングの
戦略と考え方

chapter.04
消費者の心をつかむ
マーケティング
理論

chapter.05
最新マーケティング 理論 NEW

chapter.06
サービス・マーケティングとダイレクト・マーケティング

chapter.07
デジタルマーケティングの最新手法

chapter.08
SNSマーケティング戦略

chapter.09
強い企業から学ぶ
新時代のビジネス
モデル

chapter.01

マーケティングは
何のためにある？

マーケティングとは、「世の中の
ニーズに合った商品やサービスを提供すること」。
本章ではまず、「マーケティング」という概念の
大枠をつかみましょう。

01 そもそも マーケティングとは？

マーケティングと聞いて、「販売とどこが違うの?」と思う方もいると思います。実際、どんな学問なのでしょうか?

マーケティングと販売には大きな違いがあります。そもそもマーケティングとは、**社会の動きを察知し、消費者がほしがっている、または必要とされているけれど世の中にまだない商品やサービスを提供すること**です。そして販売とは、完成した商品を消費者に届ける行為を指します。つまり販売とは、マーケティング活動の1つだといえるでしょう。

マーケティングと「販売」は異なる

● マーケティングとは?

マーケティングとは、人がほしいと思う商品やサービスを提供することであり、販売することはマーケティングの一部でしかありません。

「マーケティングの神様」と呼ばれるフィリップ・コトラー博士は、マーケティングを「個人や集団が製品および価値の創造と交換を通じて、そのニーズやウォンツを満たす社会的・管理的プロセスである」と定義しています。**ニーズとウォンツ、つまり人々の生活で必要なモノが欠乏している状態と、特定のモノがほしいと思う状態を解決することがマーケティングなのです。**

コトラーとドラッカー

●コトラーのマーケティング論

価値の創造と交換を通じて、ニーズやウォンツを満たすプロセス

フィリップ・コトラー
（1931 ～）

アメリカの経営学者。さまざまなマーケティング理論を構築し「マーケティングの神様」とも称される。

治療しましょう
ホワイトニングしましょう
歯が痛い！
歯を白くしたい

ニーズ
欠乏状態

ウォンツ
モノがほしいという欲望

これらを満たすのがマーケティング

●ドラッカーが提唱する「企業の価値」

企業の目的は顧客の創造であり、イノベーションとマーケティングが重要

ピーター・ドラッカー
（1909 ～ 2005）

オーストリア出身のアメリカの経営学者、経営コンサルタント、社会思想家。「マネジメントの父」とも称される。

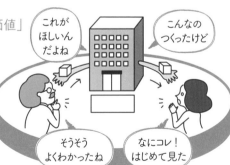

これがほしいんだよね
こんなのつくったけど
そうそうよくわかったね
なにコレ！はじめて見た

マーケティング
顧客の欲求を知り、それに合った商品やサービスがひとりでに売れるようにする

イノベーション
「今までなかった顧客の欲求」をつくり出して新たな行動や価値を生み出し、市場や社会に変化を与える

02? マーケティングは なぜ生まれたのか?

マーケティングとはいつ、誰が考え出し、どのように生まれたもの なのでしょうか。

マーケティングは20世紀初頭のアメリカで生まれたといわれています。**そのきっかけは、鉄道と通信網が発達したことにより、アメリカ全土が市場になったこと**。販売ネットワークの整備など、「**市場拡大のための方法論**」が必要になったのです。その後、マーケティングという言葉は世界中で盛んに用いられるようになっていきました。

マーケティング論の元祖

マーケティングの概念は20世紀初頭のアメリカで生まれました。特にショーとバトラーの2人は、この分野の先駆者として知られています。

市場で需要をつくり出すには 市場分析が必要

A.W. ショー
(1876 ～ 1962)

事務設備会社の経営者でもあった研究者。企業的マーケティング論の創始者といわれ、1912年に発表した論文「市場流通における若干の問題」がその嚆矢とされる。

市場の研究は、商品の研究 同様にもっとも重要である

R.S. バトラー
(1882 ～ 1971)

元 P&G（プロクター・アンド・ギャンブル）社員で、19世紀末から20世紀初頭のアメリカにおけるマーケティング実践を理論化した。

"マーケティング"の 起源は、三越の前身 である呉服店の 「越後屋」にあった

ドラッカー著 『マネジメント』より

マーケティングの元祖といわれているのが、A.W. ショーです。1912年に発表した論文で**"市場等高線"の概念を提示し、市場で需要をつくり出すには市場分析が必要であることを説きました。**また、R.S. バトラーもマーケティング黎明期のキーパーソン。1910年にマーケティングに関する教材づくりを開始し、ウィスコンシン大学で同名の講義を開きました。

マーケティングが生まれた背景

マーケティングは、19世紀後半から20世紀初頭にかけてアメリカで起こった鉄道と通信網の発達と、それによる市場拡大が契機となって生まれました。

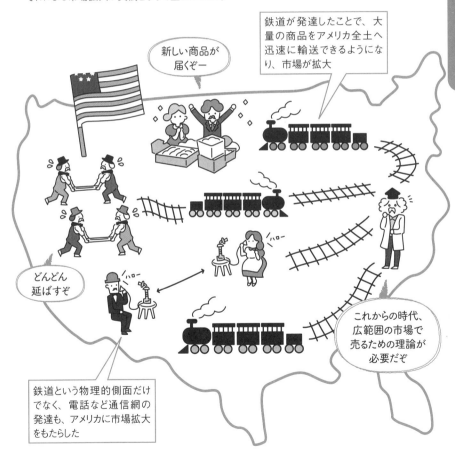

03? マーケティングをする対象って誰？

マーケティングとは誰に対して行うものなのでしょうか。
そして、なぜ対象を決める必要があるのでしょうか。

マーケティングにはターゲットが必ず存在します。 フィリップ・コトラーは、著書のなかで、マーケティングの対象について「"マーケティング1.0"ではマス市場（一般大衆すべて）、"2.0"では個々の消費者、"3.0"では商品やサービスに機能的・感情的充足だけでなく、社会貢献などによって精神の充足も求めている消費者である」と述べています。

マーケティング 1.0 〜 4.0 とは？

マーケティング1.0
商品中心のマーケティング。企業はマス市場（一般大衆）を対象に、できるだけ安くて高品質の商品を提供しようと、一方的にテレビなどのマスメディアで広告宣伝を行う

マーケティング2.0
顧客志向のマーケティング。商品も情報も行き届いた状況のなか、企業は個々の消費者の「心」をつかもうと、双方向型のコミュニケーションを行う

さらにコトラーは、2014年に次の段階として "**マーケティング 4.0**" を提唱しました。ITの時代が到来し、より確固とした存在感を持ちたいと思うようになった人々のために、顧客の自己実現欲求を叶えることを主眼に置いたマーケティングを行うべきだと主張します。**一般大衆から個々の消費者、社会貢献、自己実現へと、マーケティングの対象は時代を経るごとに多様化しているのです。**

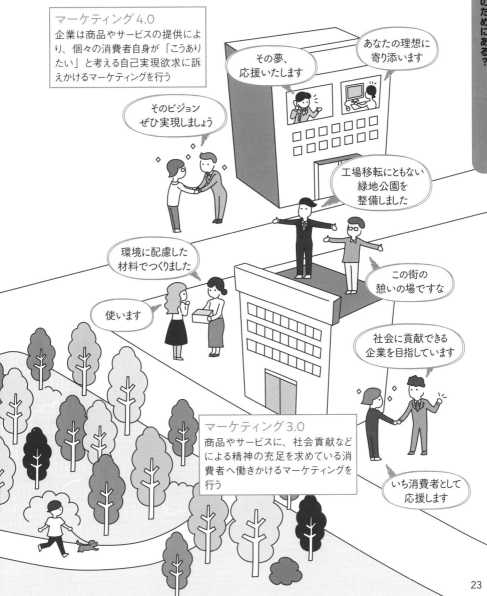

マーケティング 4.0
企業は商品やサービスの提供により、個々の消費者自身が「こうありたい」と考える自己実現欲求に訴えかけるマーケティングを行う

その夢、応援いたします

あなたの理想に寄り添います

そのビジョンぜひ実現しましょう

工場移転にともない緑地公園を整備しました

環境に配慮した材料でつくりました

この街の憩いの場ですな

使います

社会に貢献できる企業を目指しています

マーケティング3.0
商品やサービスに、社会貢献などによる精神の充足を求めている消費者へ働きかけるマーケティングを行う

いち消費者として応援します

マーケティングで
もっとも重要なことは？

マーケティングを行ううえで大切なこととは何か。
実践の前にしっかりとおさえておきたいところです。

マーケティングでもっとも重要なことは、**顧客のニーズ**に合う商品やサービスをつくること。そしてターゲット層に確実にリーチさせ、購入につなげる必要があります。さらには、**顧客の信頼を得てリピーター（継続購入者）になってもらい、周りの人にそのよさを発信してもらうことも、マーケティング戦略の成功に不可欠である**といえるでしょう。

一般的なマーケティングの流れ

マーケティングにおいては、新しい商品やサービスを消費者に認知・購入してもらう流れとして、一般的には以下のようなステップが理想とされます。

②顧客のニーズに合った商品やサービスを創造
顧客の立場に立って商品やサービスを開発・創造する

できました

普段からこの商品を？

そうだねー

よくやった

①顧客のニーズの把握
ヒアリングや調査を通して人々が求めるモノを探る

では、ニーズはどのようにして把握すればよいのでしょうか。顧客のニーズを知るためにはヒアリングや調査が重要です。**人が1日24時間の間に何を見ているのか、さらにいえば、関心を持っている人に見てもらうにはどうすればよいのかを考えましょう。**「自分が顧客だったらどうだろうか?」と、常に顧客の立場に立って人間の心理を読み取ることが大切だといえます。

④リピーターになってもらう
信頼を得て、リピーター(継続購入者)になってもらうことが重要

また買おう

お買い上げありがとうございます

お買い上げありがとうございます

③ターゲット層にリーチ
宣伝・販売などを通して新しい商品・サービスを消費者に届ける

あれよかったよ使ってみなよ

へぇ～

⑤商品・サービスのよさを周囲の人に伝えてもらう
信頼を得ることができれば、購入者自ら宣伝してくれる

顧客の立場に立って考えることが重要なのね

05 IT時代の マーケティングとは？

IT時代のマーケティングのイノベーション。
「デザイン思考」とは何でしょうか。

昨今はインターネットやSNSなどの影響力が強くなり、社会はITの時代に突入しています。マーケティングの分野においてもスマートフォンやソーシャルメディアの普及で、友だちがシェアしたモノなど、自分の興味の範疇（はんちゅう）になかったモノを見て関心を持つようになる機会が増えています。**このことから、これからのマーケティングでは、まだ顕在化していないニーズを生み出すことも大切だといえます。**

ニーズを"生み出す"ことも大切

これからのマーケティングにおいては、ニーズを把握するだけでなく、ニーズを生み出すことも大切です。その手法として最近注目されているのが「デザイン思考」です。有名なiPodも、このデザイン思考のステップから生み出されました。

Step1 共感

テーマ設定ののち、個人の行動
観察、インタビューなどを行う

Step2 問題定義

Step1の結果を掘り下げ、問題
そのものを設定（課題定義）

ということは……

そうか、
こんなときは
そういう行動を
取るのか

どんなときに
お困りですか？

かつてスティーブ・ジョブズは「人は自分たちがほしいモノを知らない」といいました。その言葉の背景には、従来の顧客の声を聞くマーケティング調査では0から1を生み出すような、**新しく画期的なモノは生み出せないのではないかという思いがあります**。そんな状況を打開する商品の発想法が、現在、世界的企業が注目している**デザイン思考**です。

iPodはこのようなステップを経て
社内外の開発者、デザイナー、
心理学者、人間工学の専門家など
35名のスタッフチームのもと
生み出されたんだよ

試してみて

なんか
楽しみかも

Step 3　アイデア創出
スタッフ間で多様なアイデアを出し合い、コンセプトを創造

ああしよう

こうしよう

試作品
第1号！

Step 5　検証
試作品を用いてユーザーテストを繰り返し、検証を行う

Step 4　プロトタイピング
検証（Step5）のためのプロトタイプ（試作品）を作成

そうしよう

06
?

商品の価値だけでなく、消費者の満足度も重要

モノの価値は相対的なものです。置かれた状況によって、
消費者にとってのモノの価値は変化します。

同じモノであっても状況によって価値が変わることがあります。たとえば、大雨の日にのどが渇いてペットボトルの水が買いたいとしましょう。徒歩10分の店で100円で買うか、徒歩1分の店で120円で買うか、自宅アパートの自販機で150円で買うか、時間的コストや大雨のなかを歩いていく労力などを考えたら、割高な150円で買うほうが価値があると考えるかもしれません。

総顧客価値 － 総顧客コスト ＝ 純顧客価値

純顧客価値は、商品の価値だけでなく、購入や消費行動なども含めた
消費者の満足度を数値化して表します。

総顧客価値
商品価値、サービス価値
のほか、商品に顧客が
期待する価値のすべて

総顧客コスト
金銭や労力、時間など、
購入にかかるコストの
合計

純顧客価値
その商品やサービスにど
のくらいの価値があるか
を数値化したもの

このように、モノの価値というのは相対的なのです。さらに、フィリップ・コトラーは、モノ自体の価値だけでなく、購入・消費活動も含めた消費者の満足度を「**純顧客価値**」として数値化しました。具体的には**「総顧客価値」－「総顧客コスト」＝「純顧客価値」という方程式が成り立つ**と教えたのです。総顧客価値とは、商品もしくはサービスに顧客が期待する価値を総合したもので、総顧客コストとは、商品に支払う料金や購入にかかる手間や時間などのコストの合計を指します。

4つの価値と4つのコスト

● 総顧客価値

商品価値	サービス価値	従業員価値	イメージ価値

商品そのものの信頼性、機能、デザイン、希少性など

商品についている保守・メンテナンスほかのサービスなど

従業員の接客態度やメンタル面でのフォローなど

企業そのもののイメージ、ブランドや商品のイメージなど

● 総顧客コスト

金銭コスト	時間コスト	労力コスト	心理コスト

商品そのものの価格のほか、維持費、配送・輸送費など

納期までの時間、交渉時間、使用法を会得するまでの時間など

購入手続き、持ち帰る手間、商品を探し出す労力など

はじめて買うときの不安、お金を支払うときのストレスなど

企業は
何のためにあるのか?

　ピーター・ドラッカーは、「企業の目的は利益ではない」と述べています。では、企業は何のためにあるのでしょうか?　もちろん、企業活動の継続のためには利益が必要ですが、最終的には、企業は社会をよくするために存在しなければなりません。

　会社の経営者は、会社の将来像(ビジョン)や具体的な数字も含めて、誰に何を提供し、どういう使命を持つのか(ミッション)という経営の理念を定める必要があります。経営理念を定めたら、次にどの事業領域でそれを実現するかという「経営戦略」をつくるのです。

　経営戦略とは、経営理念であるミッションとビジョンに基づいて、いかに自社が他社に勝って長期的な成功を収めるかを策定すること。主に「戦略計画学派」「創発戦略学派」「ポジショニング・ビュー」「リソース・ベースト・ビュー」「ゲーム論的アプローチ」という5つの経営戦略論があります。そして、その経営戦略に基づいて「企業がいかにして売上を上げて利益を出すか」という事業活動のしくみ(ビジネスモデル)が生まれます。

chapter.02

マーケティングの基本

マーケティングで重要なのは、
「分析」と「戦略」です。本章では、自社の
強みや弱み、業界内での立ち位置、さらに
社会の動向を分析するメソッドを紹介します。

01 一番大切なのは ターゲットを絞ること

マーケティングで重要なのはターゲット。
このターゲットを絞ることには、どんな意味があるのでしょうか。

マーケティングで大切なのはターゲットを特定すること。そのために使えるのが、**STP**というマーケティング手法です。STPではまず、**市場を年齢、性別、地域、購買行動など、さまざまな切り口で分類する、セグメンテーションを行います**。同質のニーズを持つ顧客ごとに分類し、自社にとって意味のある層を特定できれば、それ以上市場を細分化する必要はありません。

STPとは？

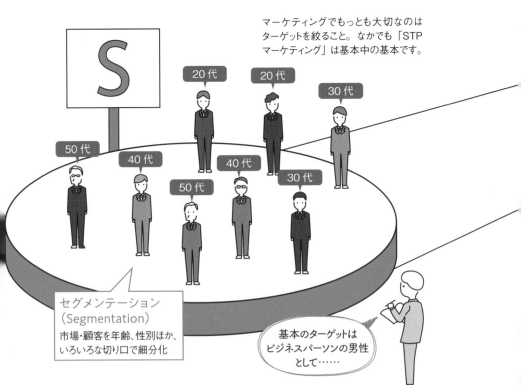

マーケティングでもっとも大切なのはターゲットを絞ること。なかでも「STPマーケティング」は基本中の基本です。

S

20代　20代　30代

50代　40代　50代　40代　30代

セグメンテーション
（Segmentation）
市場・顧客を年齢、性別ほか、いろいろな切り口で細分化

基本のターゲットはビジネスパーソンの男性として……

次に行うのがターゲティングです。限られた経営資源を有効かつ効果的に使用するため、どの層にアプローチするかを決めます。最後に、ターゲットに対し、自社の商品・サービスの明確な差別化を図るポジショニングを行います。**ターゲットにどのような商品の利点を明示し、それを認識してもらうのか、顧客にどのように認知されたいのかを明確化するのです。**

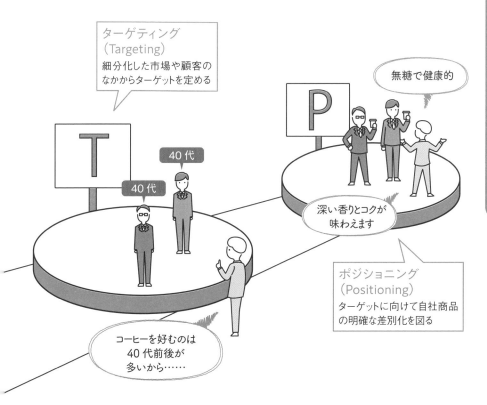

ターゲティング
（Targeting）
細分化した市場や顧客の
なかからターゲットを定める

無糖で健康的

40代

40代

深い香りとコクが
味わえます

ポジショニング
（Positioning）
ターゲットに向けて自社商品
の明確な差別化を図る

コーヒーを好むのは
40代前後が
多いから……

◉ ポジショニング・マップ

ポジショニングの際、自社の立ち位置を明確化するためにポジショニング・マップをつくります。これは業界を2つの軸で分析したもので、たとえばアパレルブランドの場合は、「機能性とファッション性」「安価と高価」の2つの軸で自社の立ち位置を分析します。

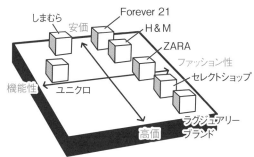

しまむら
安価
Forever 21
H＆M
ZARA
ファッション性
セレクトショップ
機能性
ユニクロ
ラグジュアリー
ブランド
高価

02 マーケティングの4Pとは？

ターゲットに働きかけるために必要な4P。
それらを組み合わせることがマーケティングのカギです。

「マーケティング・ミックス」という言葉を聞いたことはありませんか。これは、ターゲットに働きかけるための4つの要素を組み合わせて、マーケティングを展開することです。4つの要素とは、**製品（Product、何を売るか）、価格（Price、いくらで売るか）、流通（Place、どこで売るか）、プロモーション（Promotion、どうやって知ってもらうか）**で、**4P（MM）**と呼ばれています。

4P（MM）とは？

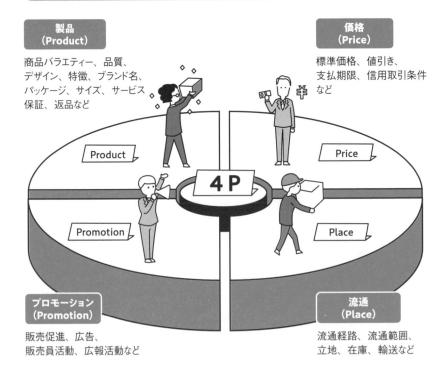

製品（Product）
商品バラエティー、品質、デザイン、特徴、ブランド名、パッケージ、サイズ、サービス保証、返品など

価格（Price）
標準価格、値引き、支払期限、信用取引条件など

プロモーション（Promotion）
販売促進、広告、販売員活動、広報活動など

流通（Place）
流通経路、流通範囲、立地、在庫、輸送など

マーケティング・ミックスはニール・H・ボーデンが1950年ごろ、4Pはエドモンド・ジェローム・マッカーシーが1960年に提唱した用語です。4Pは重要なフレームワークですが、STP（P.32）のあとに行われます。なぜなら、**ターゲットやポジショニングが変われば、4Pも変化するからです。**また、4Pはあくまでも売り手側の視点なので、買い手側の視点から見た4Cで考えたほうがよいという意見もあります。

買い手の視線を重視した「4C」

「4P」は売り手側から見た考え方であることから、
より買い手の立場に寄り添った「4C」で考えるべきとの意見もあります。

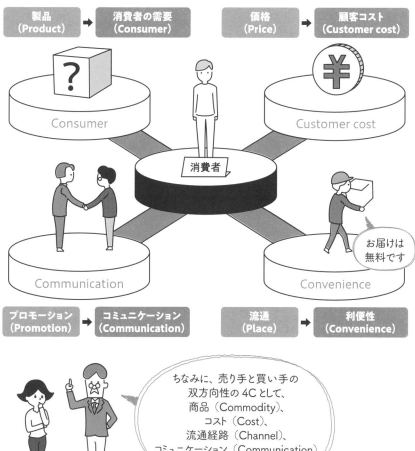

製品
(Product) ➡ 消費者の需要
(Consumer)

価格
(Price) ➡ 顧客コスト
(Customer cost)

Consumer

Customer cost

消費者

お届けは
無料です

Communication

Convenience

プロモーション
(Promotion) ➡ コミュニケーション
(Communication)

流通
(Place) ➡ 利便性
(Convenience)

ちなみに、売り手と買い手の
双方向性の4Cとして、
商品（Commodity）、
コスト（Cost）、
流通経路（Channel）、
コミュニケーション（Communication）
というのもある

03 マーケティングの5つのステップ

マーケティングに必須の戦略。
その戦略を策定するために必要な手順とは何なのでしょうか。

マーケティング戦略は、"誰に、何を、どこで、いくらで、どのように売るのか"を明確化することによって策定されます。①リサーチ(R)、②ターゲットの特定（STP）、③マーケティング・ミックス(MM［4P］)、④マーケティング戦略の目標設定と実施(I)、⑤モニタリング管理(C)、これらの5つのステップを決定することを**マーケティング戦略策定**といいます。

コトラーが提唱するR・STP・MM・I・C

マーケティング戦略を立てるにあたり、
「誰に、何を、どこで、いくらで、どのように売るのか」を明確化することが大切です。

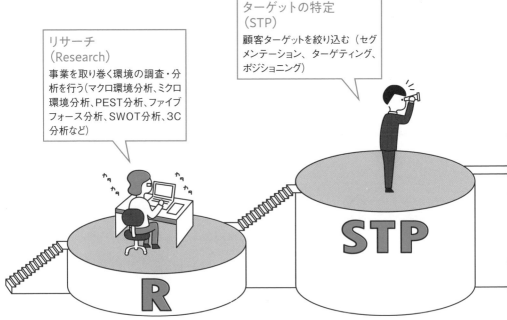

ターゲットの特定
（STP）
顧客ターゲットを絞り込む（セグメンテーション、ターゲティング、ポジショニング）

リサーチ
（Research）
事業を取り巻く環境の調査・分析を行う（マクロ環境分析、ミクロ環境分析、PEST分析、ファイブフォース分析、SWOT分析、3C分析など）

フィリップ・コトラーは、この5つのステップをマーケティング・マネジメント・プロセスと呼んでいます。 この手順はどれが欠けても効果はありません。たとえば、リサーチをしないでターゲティングをすると、思い込みや希望的観測に基づき、間違った市場を選択してしまうでしょう。マーケティング・マネジメント・プロセス全体をきちんと実行することが重要なのです。

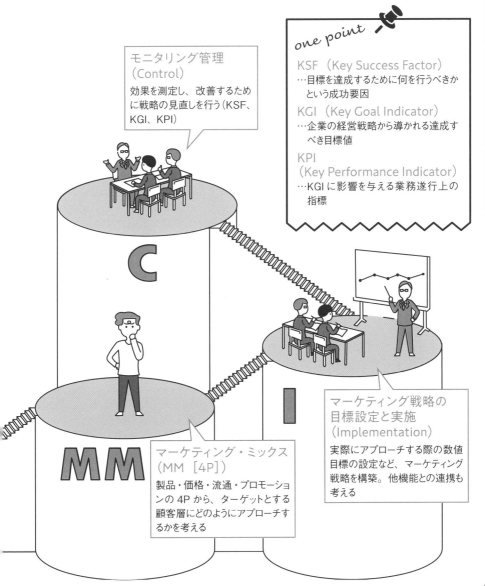

モニタリング管理
（Control）

効果を測定し、改善するために戦略の見直しを行う（KSF、KGI、KPI）

one point

KSF（Key Success Factor）
…目標を達成するために何を行うべきかという成功要因

KGI（Key Goal Indicator）
…企業の経営戦略から導かれる達成すべき目標値

KPI
（Key Performance Indicator）
…KGIに影響を与える業務遂行上の指標

C

MM

I

マーケティング・ミックス
（MM［4P］）

製品・価格・流通・プロモーションの4Pから、ターゲットとする顧客層にどのようにアプローチするかを考える

マーケティング戦略の
目標設定と実施
（Implementation）

実際にアプローチする際の数値目標の設定など、マーケティング戦略を構築。他機能との連携も考える

04 自社の立ち位置を確かめる

「外部分析」と「内部分析」で自社の立ち位置をつかむことで、
有効な戦略を立てることができるようになります。

マーケティング戦略を策定する際、まず行うべきことは自社が置かれている現在の状況を正確に把握することです。 企業によって検討すべき点は異なりますが、たとえば為替レートの変動や原料価格の高騰、法律の改正など、企業の戦略を左右する要素は数多く存在します。そして、現状分析の方法には、大きく分けて**外部分析と内部分析**があります。

企業の戦略を左右する要素の例

企業が置かれている状況は、外部のさまざまな要因によって変化する

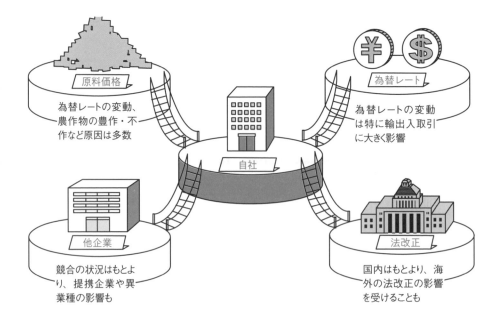

原料価格
為替レートの変動、農作物の豊作・不作など原因は多数

為替レート
為替レートの変動は特に輸出入取引に大きく影響

自社

他企業
競合の状況はもとより、提携企業や異業種の影響も

法改正
国内はもとより、海外の法改正の影響を受けることも

外部分析とは、会社の事業に影響を及ぼす外部環境に関する分析です。人口や政治、経済、環境、技術などといったマクロ環境と、出荷量の増減や価格設定などのようなミクロ環境があります。一方、内部分析は、営業力や商品開発力などの自社の強みや弱み、資金や人材の有無といった社内環境に関する分析です。**分析を行う際は、常に自社の戦略に影響を及ぼす要因か否かを考えましょう。**

外部分析と内部分析とは？

外部分析と内部分析には、主に以下の手法が用いられます。企業によって検討すべき点は異なるため、自社の戦略に影響を及ぼす要因かどうかを考えながら分析しましょう。

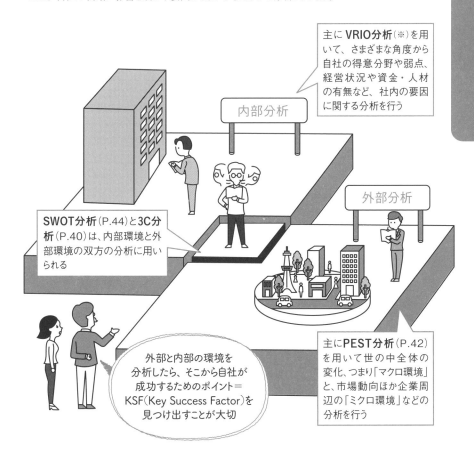

主に**VRIO分析**（※）を用いて、さまざまな角度から自社の得意分野や弱点、経営状況や資金・人材の有無など、社内の要因に関する分析を行う

内部分析

外部分析

SWOT分析（P.44）と**3C分析**（P.40）は、内部環境と外部環境の双方の分析に用いられる

外部と内部の環境を分析したら、そこから自社が成功するためのポイント＝KSF（Key Success Factor）を見つけ出すことが大切

主に**PEST分析**（P.42）を用いて世の中全体の変化、つまり「マクロ環境」と、市場動向ほか企業周辺の「ミクロ環境」などの分析を行う

※VRIO分析…企業がどのような経営資源を持っているのか、またそれを活用する能力があるのかどうかを、価値（Value）、希少性（Rarity）、模倣可能性（Imitability）、組織体制（Organization）の4つの切り口から分析する手法

05 自社の現状を 3つの視点から分析

自社の分析は事業の成功をつかむカギ。
自社の「強み」と「弱み」をしっかりと把握しましょう。

自分の会社の状況を分析する方法に、市場・顧客（Customer）、競合（Competitor）、自社（Company）という3つの切り口を用いる **3C分析** があります。このフレームワークは、市場・顧客と競合が外部分析、自社が内部分析にあたります。**外から内へ、市場・顧客、競合、自社の順に分析を行うのが一般的です。**

3C分析とは？

3C分析では、自社の現状を「市場・顧客」「競合」「自社」の3つの視点で分析します。以下は、とある企業が缶コーヒー市場参入にあたり3C分析を適用したイメージです。

メインの顧客層は20〜30代ビジネスパーソン

ニーズは仕事の合間のひと休み、微糖で健康的

①市場・顧客（Customer）
その事業の市場規模、市場の成長性、購買決定者、購買行動に影響を及ぼす要因（価格、品質、デザイン、ブランドほか）などを分析し、どのような顧客がいるのかを把握する

Customer

🌀「4C」の場合も
上の3Cに加えて、他社との提携を意識するために「協力業者（Co-Operator）」を入れて4Cとする場合もあります。

市場・顧客では、自社の事業における潜在顧客を把握し、自社の事業において競合している企業を分析します。そして、それらを踏まえたうえで自社の強みや弱み、現在の戦略、業績、経営資源の有無を分析していきます。**分析結果を見ながら、市場の変化によって成功要因はどう変化しているか、今後、その市場で成功する要因は何か、などを考えていくとよいでしょう。**

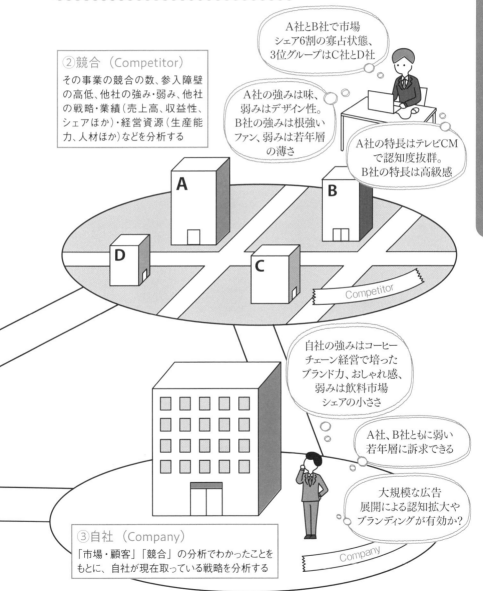

②競合（Competitor）
その事業の競合の数、参入障壁の高低、他社の強み・弱み、他社の戦略・業績（売上高、収益性、シェアほか）・経営資源（生産能力、人材ほか）などを分析する

A社とB社で市場シェア6割の寡占状態、3位グループはC社とD社

A社の強みは味、弱みはデザイン性。B社の強みは根強いファン、弱みは若年層の薄さ

A社の特長はテレビCMで認知度抜群。B社の特長は高級感

自社の強みはコーヒーチェーン経営で培ったブランド力、おしゃれ感、弱みは飲料市場シェアの小ささ

A社、B社ともに弱い若年層に訴求できる

大規模な広告展開による認知拡大やブランディングが有効か?

③自社（Company）
「市場・顧客」「競合」の分析でわかったことをもとに、自社が現在取っている戦略を分析する

06 社会の変化を分析して未来を予測する

社会の変化は会社の経営状況に影響を与えます。
社会の変化を分析できれば、未来は予測できるのでしょうか。

PEST分析とは、4つの切り口から事業を取り巻く外部のマクロ環境を分析する手法です。**Pは政治（Politics）、Eは経済（Economy）、Sは社会（Society）、Tは技術（Technology）を指します。** 社会から自然やエネルギーなどの環境面であるE(Ecology)を別立てし、PESTEとすることもあります。いずれにせよ、社会の変化が自社の経営にどう影響するのかを分析するために用いられます。

PEST分析とは？

PEST分析で4つの切り口について書き出していく際には、
現状だけでなく、3〜5年先まで予測することが大切です。

政治（Politics）
ビジネスに関連した法律の規制の緩和や強化、国内外の政治動向など

この業界で成功するためには？

経済（Economy）
景気や物価の動向、GDP成長率、為替や金利、平均所得水準など

社会（Society）
人口動態や環境、流行、ライフスタイルや文化の変遷など

技術（Technology）
ビジネスに影響を与える新しい技術の開発や完成、投資動向など

政治には各種政策、法律の規制緩和や強化、外交などが含まれます。経済は景気動向、物価変動、GDP成長率、金利、失業率、平均所得水準など、社会は人口動態、環境、ライフスタイル・文化の変遷、教育、世論などです。技術は新技術の開発や投資動向などが対象です。こういった要素から分析を行いますが、**自社に影響しないことは、社会的に重要な事柄であっても記載の必要はありません。**

PESTE分析を使ったリスク評価マップ

PESTE分析を行う際には、下図のような「リスク評価マップ」を作成すると、
まず対処しなければならないものが見えてきます。

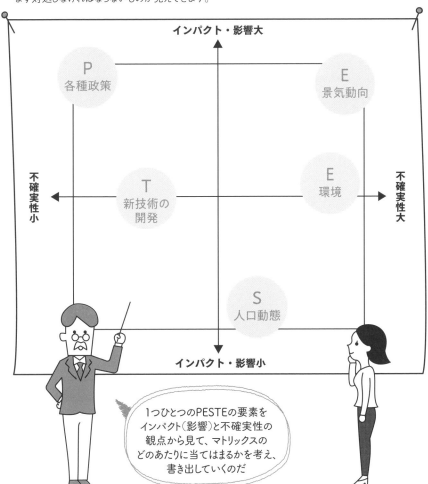

インパクト・影響大

P
各種政策

E
景気動向

不確実性小

T
新技術の
開発

E
環境

不確実性大

S
人口動態

インパクト・影響小

1つひとつのPESTEの要素を
インパクト（影響）と不確実性の
観点から見て、マトリックスの
どのあたりに当てはまるかを考え、
書き出していくのだ

07 4つの事象から自社の現状を把握する

フレームワークには、自社の現状を把握できるうえ、
戦略策定に活かせるものがあります。

SWOT分析は、事業を取り巻く内部環境と外部環境を分析するための手法です。強み(Strength)、弱み(Weakness)といった内部要因、機会(Opportunity)、脅威(Threat)といった外部要因、計 4 つの要因を分析します。**まず、機会、脅威、強み、弱みと書かれた枠を作成し、この順に書き込んでいきます。**書いていくうちに、自社の状況を整理することができるのです。

SWOT分析とは?

SWOT分析は、自社の強み、弱み、外部の機会、脅威から、自社の戦略を考える手法。
機会と脅威については、2〜3年後ぐらいまでを予測して書くことが大切です。

この分析で重要なのは、SWOTのそれぞれの事象において、自社がどのように対応するのかを決めること。**そこで次に行うのがクロスSWOT分析です。**SWOT分析から導き出された4つの要因を「機会×強み」「機会×弱み」「脅威×強み」「脅威×弱み」とかけ合わせて考えることで、自社の現状分析が、実行につながる戦略策定に生きてきます。

クロスSWOT分析の例

SWOT分析で導き出した4つの要因を、機会×強み、機会×弱み、脅威×強み、脅威×弱み、とかけ合わせて考えるのがクロスSWOT分析です。下はレストランの例。

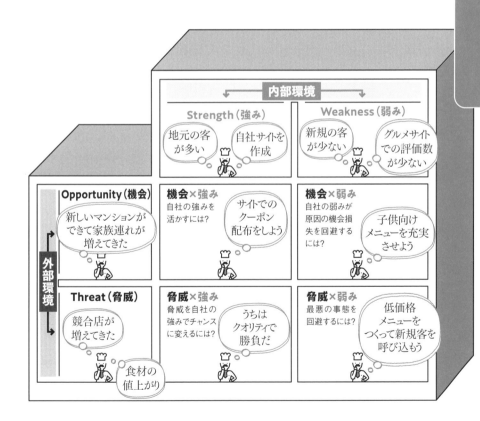

08 業界の競争状態を分析する

新規参入を考えるとき、業界の競争状況を把握することが大切です。どうすれば競争状況が分析できるのでしょうか。

業界の競争状況を分析する方法に、マイケル・ポーターが考案した**ファイブフォース（5つの力）分析**というフレームワークがあります。これは、**儲かるかどうかはどの産業・業界に参入するかで決まり、市場や競合を分析し、儲かりそうな業界を選ぶことが重要であると、ポーターが考えたことから生まれたものです。**

ファイブフォース分析とは？

ファイブフォース分析は、新規事業の参入や既存事業の撤退などを判断するときに有効です。

もっとええ商品ありまんがな

②買い手の交渉力
買い手とはエンドユーザーや小売店などの販売業者のこと。たとえば買い手が同業他社の商品へ乗り換えるコストが低いと、買い手の交渉力が高く利益を上げにくい

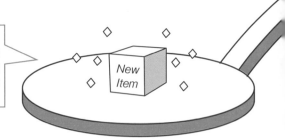

④代替品の脅威
たとえば代替品（自社商品と同じニーズを満たす他社商品）の性能や品質が劣っていると、代替品の脅威が少なく、利益を上げやすい

New Item

ファイブフォース分析では、5つの要因が業界の競争状態を決めるとしています。その要因とは、**業界内の競合他社、買い手の交渉力、売り手の交渉力、代替品の脅威、新規参入の脅威**。どの要因が業界に影響を及ぼすのかは、業界によって異なります。重要な要因を見つけ出すことで、その業界の状態を正しく理解し、何をコントロールすれば競争を緩和できるのか、収益を上げられるのかを考えることができます。

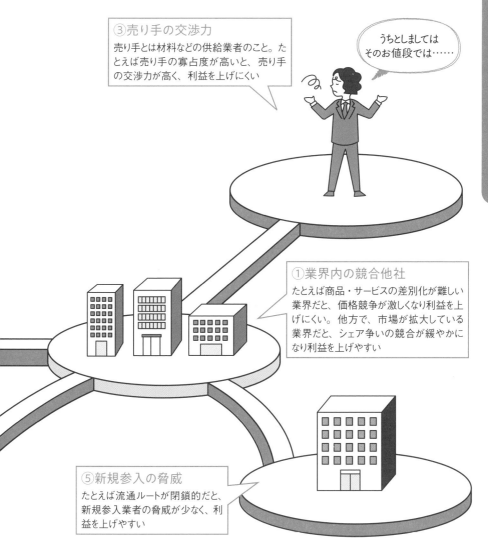

③売り手の交渉力
売り手とは材料などの供給業者のこと。たとえば売り手の寡占度が高いと、売り手の交渉力が高く、利益を上げにくい

うちとしましては
そのお値段では……

①業界内の競合他社
たとえば商品・サービスの差別化が難しい業界だと、価格競争が激しくなり利益を上げにくい。他方で、市場が拡大している業界だと、シェア争いの競合が緩やかになり利益を上げやすい

⑤新規参入の脅威
たとえば流通ルートが閉鎖的だと、新規参入業者の脅威が少なく、利益を上げやすい

09 競合との比較から
自社の強み・弱みを知る

自社の強みを知るためには、競合と比べるのが一番。
また、自社の弱みを知ることは、その改善にもつながります。

自社と競合他社を比較するには、**バリューチェーン分析**が有効です。これはマイケル・ポーターが1980年代に提唱したフレームワーク。会社の事業活動を機能ごとに分類し、ひと目でわかるようにすることで、**「現在、どの機能で付加価値を生み出しているのか」**、**「どの機能を発展させれば自社の強みを発揮することができるか」を導き出すことができます。**

バリューチェーン分析とは？

ポーターが提唱したバリューチェーン分析とは、
企業の事業活動を主活動と支援活動に分けて考える手法です。

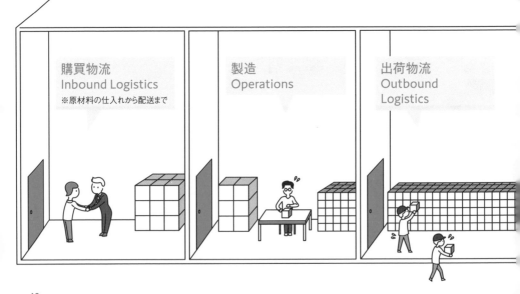

購買物流
Inbound Logistics
※原材料の仕入れから配送まで

製造
Operations

出荷物流
Outbound
Logistics

まず、事業活動を主活動と支援活動に分けます。この作業を自社だけでなく競合他社の分も行いましょう。両方を比べると、自社の強み・弱みを把握することができ、戦略策定に役立ちます。そして、戦略を策定するときに使うのがポーターの3つの基本戦略。**コスト、差別化、集中の3つの基本戦略のうち、いずれかを選択したうえで、どの機能が付加価値を生み出すのかを考えればいいのです。**

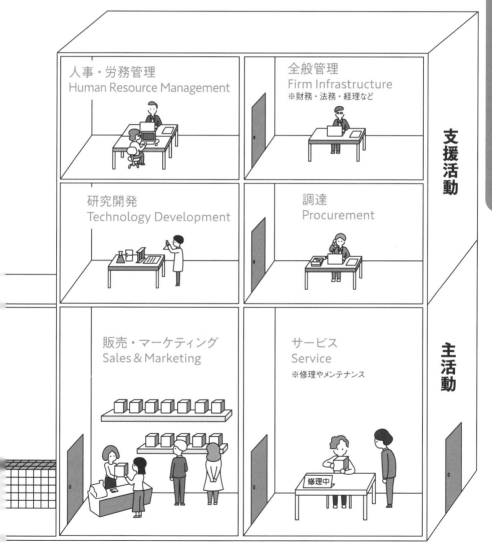

情報を整理する
フレームワークの活用

　企業が情報などを整理するために使用する枠組みを「フレームワーク」といいます。これは、数学の問題を解く際に使う公式のようなものと思えばいいでしょう。しかしフレームワークのなかには時代とともに古くなっているものや、柔軟な発想を阻害してしまうものもあります。

　とはいえ、現在まで使われているフレームワークは長い年月にわたって有効性があるとされたものが多いので、上手に活用しましょう。

　フレームワークには、自社の現状分析を行う際に使用するSWOT分析や3C分析、業界全体を取り巻く環境に関する情報を整理したいときに役立つPEST分析など、いろいろあります。

　また、一概に情報整理といっても、どんな切り口で整理するか、さらに整理された情報から何を学び、どう実行につなげていくのかが重要です。

　それぞれの切り口で情報を分析・検討したのち、各フレームワークから示唆される戦略案を組み合わせ、自社の状況に最適な戦略案を構築します。

chapter.03

さまざまなマーケティングの戦略と考え方

マーケティングには業種や業界内での
立ち位置によって、さまざまな戦略があります。
ライバルに勝つための考え方と戦い方を
知りましょう。

01 市場のどのポジションで戦うか？

マーケティングで他社を圧倒するためには、ポジショニング戦略のなかで2つのポイントに着目する必要があります。

マーケティングで競合他社に勝つためには、**ポジショニング戦略**が重要です。**これは自社が市場のどのポジション（位置）で戦うのかを決めるもの**。この考えは、マーケティング・コンサルティング会社を経営するアル・ライズとジャック・トラウトが1981年に出した共著『ポジショニング戦略』のなかで提唱されました。

マーケットシェアとは？

前出のフィリップ・コトラーは、マーケットシェアの観点から企業のポジショニングを以下の4つに分類しました。

①マーケット・リーダー
業界トップの企業

③マーケット・フォロワー
上位企業のマネなどで追随する3番手以下の企業

②マーケット・チャレンジャー
トップの座を狙う2番手の企業

④マーケット・ニッチャー
上位企業と争わずに、ニッチな分野で戦う企業

ポジショニングでは、マーケットシェアとマインドシェアの2つを考える必要があります。マーケットシェアは、市場で自社商品が占めている割合のことで、一般的には市場シェアと呼ばれます。一方、マインドシェアは自社商品が顧客の心のなかでどの程度の存在感を有しているかです。**ライズやトラウトは、マーケットシェアの獲得には、マインドシェアを追求することが重要だと考えています。**

マインドシェアとは？

マインドシェアは本文にあるライズやトラウトが提唱した考え方で、
「顧客の心のなかでどの程度の存在感があるか」です。

カップ麺といえば？
カップヌードル

絆創膏といえば？
バンドエイド

付箋といえば？
ポスト・イット

炭酸飲料といえば？
コカ・コーラ

「○○といえば何を思い浮かべますか？」と聞かれたときに、
真っ先に思い浮かぶモノは"マインドシェアが高い商品"といえます。

02 業界内の地位によって戦略は異なる？

自社がトップシェア企業なのか、その一歩手前にいるのか、ベンチャーなのかによって、取るべき戦略が変わってきます。

業界内での競争を勝ち抜くには、**競争地位別戦略**を取ることが有効です。これはコトラーが提唱したもので、**業界内での自社の地位を「リーダー」「チャレンジャー」「フォロワー」「ニッチャー」に分類し、それぞれの地位に合ったマーケティング戦略を選んでいくという考え方**。つまり、ただ業界トップシェアを目指すのではなく、立ち位置に応じて、進むべき方向性を見極める必要があるのです。

4つの競争地位別戦略

コトラーは、業界内での企業の地位を4つに分類し、競争を勝ち抜くには、それぞれの地位に応じた戦略を選ぶことが重要だと説きました。

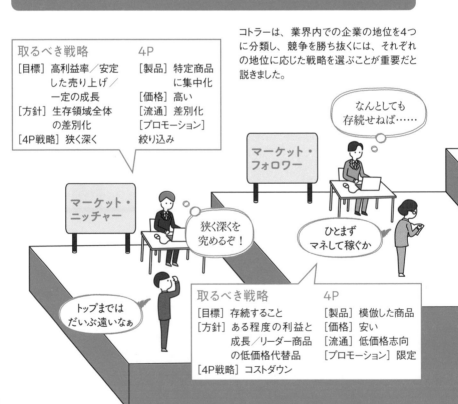

マーケット・ニッチャー

取るべき戦略	4P
[目標] 高利益率／安定した売り上げ／一定の成長	[製品] 特定商品に集中化
[方針] 生存領域全体の差別化	[価格] 高い
	[流通] 差別化
	[プロモーション] 絞り込み
[4P戦略] 狭く深く	

マーケット・フォロワー

なんとしても存続せねば……

狭く深くを究めるぞ！

ひとまずマネして稼ぐか

トップまではだいぶ遠いなぁ

マーケット・フォロワー

取るべき戦略	4P
[目標] 存続すること	[製品] 模倣した商品
[方針] ある程度の利益と成長／リーダー商品の低価格代替品	[価格] 安い
	[流通] 低価格志向
[4P戦略] コストダウン	[プロモーション] 限定

「リーダー」は業界シェア１位の企業。「チャレンジャー」は業界シェア２位以下でトップを狙う企業。「フォロワー」はシェア３位以下の企業でトップを狙っていない企業で、事業を存続させることを目標としています。そして「ニッチャー」は、ベンチャー企業など。小さいながらも、業界のなかで大手が参入しないような市場で独自の地位を築いている企業です。

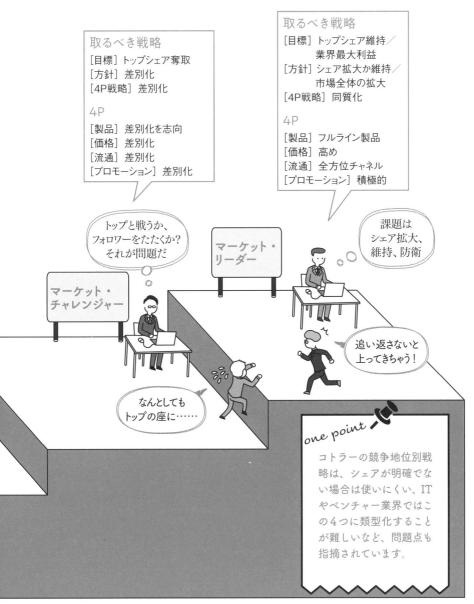

取るべき戦略
[目標] トップシェア奪取
[方針] 差別化
[4P戦略] 差別化

4P
[製品] 差別化を志向
[価格] 差別化
[流通] 差別化
[プロモーション] 差別化

取るべき戦略
[目標] トップシェア維持／
　　　　業界最大利益
[方針] シェア拡大か維持／
　　　　市場全体の拡大
[4P戦略] 同質化

4P
[製品] フルライン製品
[価格] 高め
[流通] 全方位チャネル
[プロモーション] 積極的

トップと戦うか、フォロワーをたたくか？それが問題だ

マーケット・リーダー

課題はシェア拡大、維持、防衛

マーケット・チャレンジャー

なんとしてもトップの座に……

追い返さないと上ってきちゃう！

one point

コトラーの競争地位別戦略は、シェアが明確でない場合は使いにくい、ITやベンチャー業界ではこの４つに類型化することが難しいなど、問題点も指摘されています。

03 限られた資金を どの事業に振り分けるか

限られた事業資金をどのように振り分ければいいのかは
悩みの種です。現状を見据えて考えていきましょう。

企業で使える資金は限られています。 では、その資金をどのように振り分けるべきなのでしょうか。たいていの企業では、商品ごとの現状を把握し、企業全体としてバランスの取れた成長と利益の確保を図る **PPM** (プロダクト・ポートフォリオ・マネジメント) を試すのが一般的だといわれています。これは BCG (ボストン・コンサルティング・グループ) が提唱しました。

PPMとは？

PPMは、複数の事業を行っている企業が、事業資金をどう配分するかを決定する際に使う経営理論です。縦軸に「市場成長率」、横軸に「マーケットシェア（市場占有率）」を取り、事業を以下の4つに分類します。

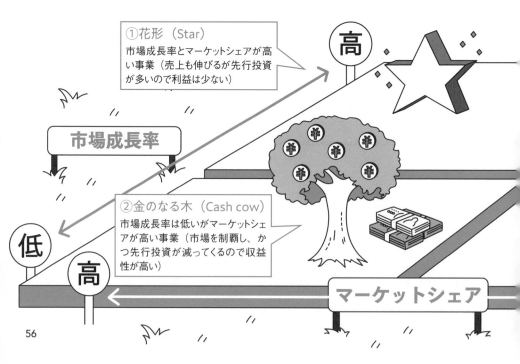

①花形（Star）
市場成長率とマーケットシェアが高い事業（売上も伸びるが先行投資が多いので利益は少ない）

市場成長率

②金のなる木（Cash cow）
市場成長率は低いがマーケットシェアが高い事業（市場を制覇し、かつ先行投資が減ってくるので収益性が高い）

高

低
高

マーケットシェア

PPM では、自社の商品の市場成長率とマーケットシェア（市場占有率）をマトリックス表にして、各商品を**花形（市場成長率の高い人気商品）、金のなる木（市場成長率の低い人気商品）、問題児（市場成長率が高く、シェアが低い商品）、負け犬（市場成長率もシェアも低い商品）に分類します**。これによって、自社の取るべき基本戦略や、どのように事業資金を振り分ければいいかがわかります。

PPM はわかりやすい半面、
事業戦略としては単純化
しすぎているとの批判も。
また、負け犬や問題児に分類される
分野であっても「花形商品」や
「金のなる木」のシェア維持に必要な
事業である場合もあるから、
すぐに撤退という判断はできない

負け犬
かわいそう……

③問題児（Problem child）
市場成長率は高いが、マーケットシェアが低い事業（市場成長率が高いうちに、花形を目指して先行投資が必要）

④負け犬（Dog）
市場成長率もマーケットシェアも低い事業（市場成長率が低いので、シェア挽回のチャンスが少ない。負けが決定している）

低

04 「普及率16%の壁」って何？

ハイテク製品を手にする消費者は大きく5つにグループ分けされ、それぞれの層に合わせた戦略を取ることが求められます。

ハイテク商品が世に出たときには、普及率16%の壁がなかなか超えられないといわれています。 これは、新商品や技術がどのような流れで世の中に広まっていくかを示す**イノベーター理論**における、ハイテク商品特有の現象で、通称**キャズム**とも呼ばれます。この理論では消費者を、ハイテク商品への感度によって5つのグループに分類しています。

イノベーター理論とキャズム

アメリカのマーケティング・コンサルタントのジェフリー・ムーアは、ハイテク商品の場合、「深く大きな溝（キャズム）」、すなわち普及率16%の壁を飛び越えるのは容易ではないと語っています。

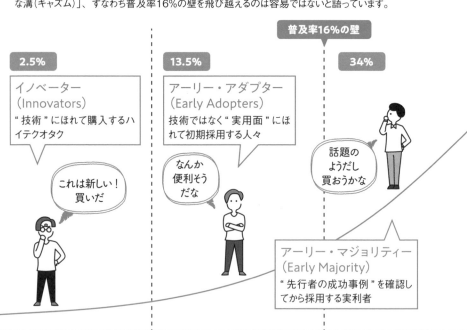

普及率16%の壁

2.5%
イノベーター
（Innovators）
"技術"にほれて購入するハイテクオタク

これは新しい！買いだ

13.5%
アーリー・アダプター
（Early Adopters）
技術ではなく"実用面"にほれて初期採用する人々

なんか便利そうだな

34%

話題のようだし買おうかな

アーリー・マジョリティー
（Early Majority）
"先行者の成功事例"を確認してから採用する実利者

新商品や新しい技術は、イノベーター、アーリー・アダプター、アーリー・マジョリティー、レイト・マジョリティー、ラガードの順に広まっていきます。**キャズムを超えるには、最多数派であるアーリー・マジョリティーに支持される必要があります**。そのカギは、まずアーリー・アダプターに普及すること。アーリー・マジョリティーとアーリー・アダプターには、異なるマーケティング戦略が必要です。

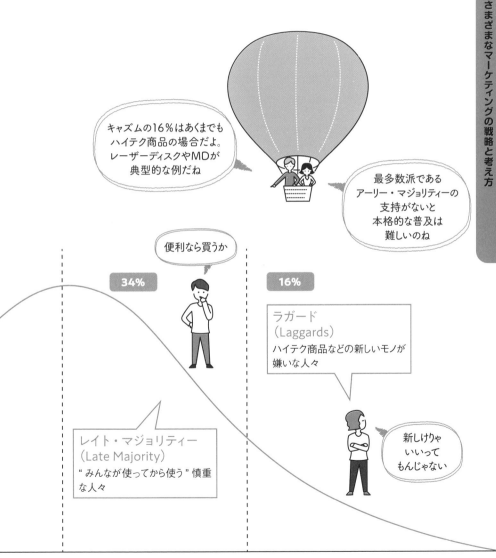

キャズムの16%はあくまでもハイテク商品の場合だよ。レーザーディスクやMDが典型的な例だね

最多数派であるアーリー・マジョリティーの支持がないと本格的な普及は難しいのね

便利なら買うか

34%

16%

ラガード
（Laggards）
ハイテク商品などの新しいモノが嫌いな人々

レイト・マジョリティー
（Late Majority）
"みんなが使ってから使う"慎重な人々

新しけりゃいいってもんじゃない

05 製品にも寿命がある？

製品にも生き物と同じように寿命があります。
市場規模が拡大して売上がピークに達すると、競合が増えて飽和状態に陥り、次第に衰退するのです。

製品ライフサイクルは、製品の寿命に関する考え方で、エコノミストのジョエル・ディーンが1950年に発表した論文に登場しました。この理論では、**すべての製品や市場には誕生から衰退に至るサイクルがあると考えられており、自社製品がどの段階にあるかを把握することで、戦略立案の参考にすることができます。**

製品ライフサイクルとは？

製品には誕生から衰退までの流れがあります。
衰退期に広告や販促活動をしてもあまり意味がありません。

ライバルに
負けないように
ぐんぐん成長しないと

導入期
（Introduction phase）
売上や利益は低い状態だが、広告宣伝費などのプロモーションも行わなければならず、赤字になる可能性も高い

成長期
（Growth phase）
市場規模が拡大しているが、その分競合他社も増えてくるため、市場で知られた存在になり多くのシェア獲得を目指すことが重要になる

製品は4つの時期をたどります。新製品を世に送り出す「導入期」、売上や利益が急速に伸びて競合も増えてくる「成長期」、売上の伸びが鈍化し他社との競争が激しくなる「成熟期」、代替品の登場などで売上が下がり、多くの企業が撤退する「衰退期」です。**製品がどの段階にあるかによって取るべき戦略は変わります。**外部要因によって段階が急に変化することもあるため、注意が必要です。

成熟期
（Maturity phase）
競争が激しくシェアを奪いにくいため、シェアを維持する戦略が重要になってくる。基本機能はどの製品もだいたい同じになることが多いので、パッケージデザインなどのイメージ戦略がカギを握る

衰退期
（Decline phase）
衰退期には広告や販促活動はあまり意味をなさない。撤退を考えてもよい時期だが、コストを抑えることによる残存利益もある

美しく
咲き続けることが
大事なんだ

花と一緒で、
製品にも
寿命があるのね

06 レッド・オーシャン、ブルー・オーシャンとは？

ライバルのいない市場を見つけて事業を立ち上げ、
利益を上げる戦略があります。

競合他社に勝つための手法に、**ブルー・オーシャン戦略**があります。**これは競争のない未知の市場を見つけてつくり出し、低コストと差別化を同時に実現して利益を上げようとするもの**。それに対して、既存の市場空間で競争を繰り広げるのがレッド・オーシャン戦略です。他社の前例があるため参入しやすくはありますが、利益をなかなか出せず、消耗戦に陥ってしまうリスクがあります。

ブルー・オーシャン戦略とは？

多くの企業は競合の多いレッド・オーシャンで日々競争を繰り広げています。
そこで、競合がいない領域をつくり出すのがブルー・オーシャン戦略です。

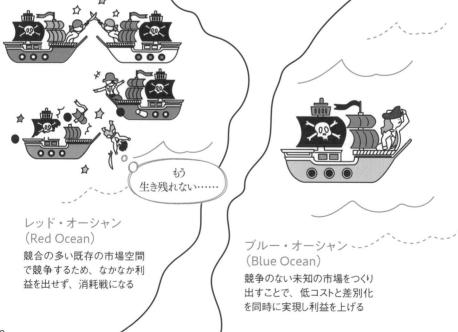

レッド・オーシャン
（Red Ocean）
競合の多い既存の市場空間で競争するため、なかなか利益を出せず、消耗戦になる

ブルー・オーシャン
（Blue Ocean）
競争のない未知の市場をつくり出すことで、低コストと差別化を同時に実現し利益を上げる

ブルー・オーシャン戦略では、戦略キャンバスというツールを用いて、市場の分析を行います。業界各社が顧客を獲得するために力を入れていることを横軸、顧客が得られる価値の度合いを縦軸で示す価値曲線のグラフをつくります。このグラフを業界標準、競合他社、自社のパターンでそれぞれつくると、業界や自社の置かれている状況がわかります。他社と重複しない価値曲線のグラフをつくることで、「ブルー・オーシャン」を見つけるヒントが得られるはずです。

LCC（格安航空会社）のブルー・オーシャン戦略

ブルー・オーシャン戦略の有名な例として、1967年にアメリカで設立されたサウスウエスト航空があります。同社では、徹底したコストカットを行い、従来の航空会社では不可能だった低価格運賃を実現しました。

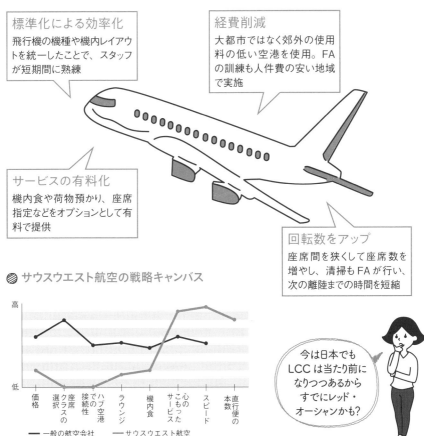

標準化による効率化
飛行機の機種や機内レイアウトを統一したことで、スタッフが短期間に熟練

経費削減
大都市ではなく郊外の使用料の低い空港を使用。FAの訓練も人件費の安い地域で実施

サービスの有料化
機内食や荷物預かり、座席指定などをオプションとして有料で提供

回転数をアップ
座席間を狭くして座席数を増やし、清掃も FA が行い、次の離陸までの時間を短縮

🌀 サウスウエスト航空の戦略キャンバス

高

低

| 価格 | 選択クラスの | 座席指定 | 接続性 | ハブ空港 | ラウンジ | 機内食 | 心のこもったサービス | スピード | 直行便の本数 |

— 一般の航空会社　— サウスウエスト航空

今は日本でも
LCC は当たり前に
なりつつあるから
すでにレッド・
オーシャンかも？

07 「場」をつくることで利益が上がる？

さまざまな人やモノが集まる「場」をつくることで
企業を成長させる戦略があります。

**プラットフォーム戦略®とは、関係する企業やグループを場（プラットフォーム）に
のせ、新事業のエコシステム（生態系）を構築する経営戦略です。** この考え方
は、たとえば1人で1億円稼ぐのではなく、10人で100億円稼ぐことで1人あたりの
利益を10倍にするというもの。

ショッピングモールのプラットフォーム戦略®

プラットフォーム戦略®は、「場」（プラットフォーム）をつくってそこに多くの人や企業に参加してもら
うことで、自社の持つ力だけでなく、あらゆる人や企業の力を使って成長していく"アライアンス（提
携）"を重視した戦略です。ショッピングモールも、プラットフォーム戦略®の1つといえます。

※プラットフォーム戦略®は株式会社ネットストラテジーの登録商標です

このモデルで、Google、Facebook、Amazon、楽天などの企業が成功しています。ここで、**企業が他社のプラットフォームに参加する際、気をつけなければならないのが「プラットフォームの横暴」です**。プラットフォームが力をつけると、①利用料の値上げ、②垂直統合、③ユーザーとの関係の弱体化などの問題が起こる可能性があります。そのため、自社の戦略をしっかり練ってから他社のプラットフォームに参加することが重要です。

プラットフォーム構築の9つのフレームワーク

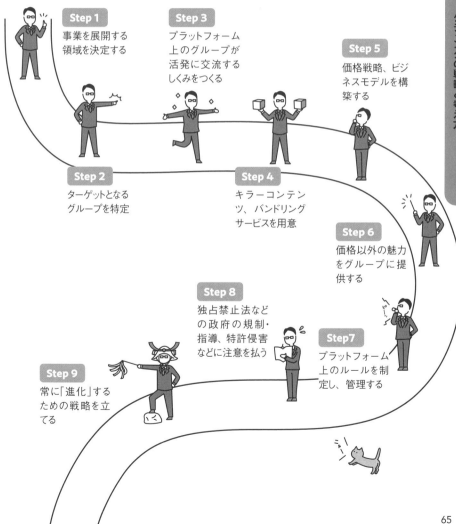

Step 1
事業を展開する領域を決定する

Step 3
プラットフォーム上のグループが活発に交流するしくみをつくる

Step 5
価格戦略、ビジネスモデルを構築する

Step 2
ターゲットとなるグループを特定

Step 4
キラーコンテンツ、バンドリングサービスを用意

Step 6
価格以外の魅力をグループに提供する

Step 8
独占禁止法などの政府の規制・指導、特許侵害などに注意を払う

Step 7
プラットフォーム上のルールを制定し、管理する

Step 9
常に「進化」するための戦略を立てる

08 無料サービスはなぜ儲かる？

世の中には無料で配布されているものや、無料で使えるサービスが多くあります。これらはどのように利益を上げているのでしょうか。

アプリや商品サンプル、お試し体験などを無料で提供するビジネスモデルを、**フリー戦略**といいます。これはクリス・アンダーソンの著書で提唱されたもので、**モデルによって4つに分類することができます**。まず1つ目は、あるモノを1個買えば2個目は無料というような、直接的内部相互補助モデル。2つ目は、第三者（広告主）が費用を払う、Googleなどのメディアで利用される三者間市場モデルです。

フリーの4つのモデル

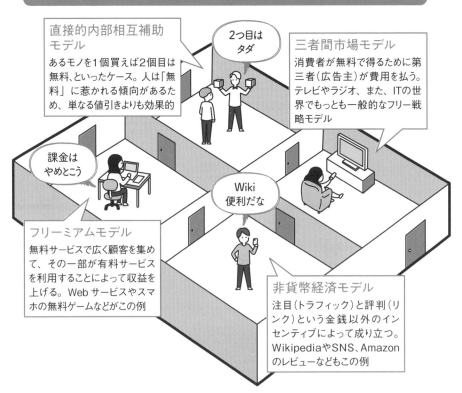

直接的内部相互補助モデル
あるモノを1個買えば2個目は無料、といったケース。人は「無料」に惹かれる傾向があるため、単なる値引きよりも効果的

2つ目はタダ

三者間市場モデル
消費者が無料で得るために第三者（広告主）が費用を払う。テレビやラジオ、また、ITの世界でもっとも一般的なフリー戦略モデル

課金はやめとこう

フリーミアムモデル
無料サービスで広く顧客を集めて、その一部が有料サービスを利用することによって収益を上げる。Webサービスやスマホの無料ゲームなどがこの例

Wiki便利だな

非貨幣経済モデル
注目（トラフィック）と評判（リンク）という金銭以外のインセンティブによって成り立つ。WikipediaやSNS、Amazonのレビューなどもこの例

3つ目は無料サービスで広く顧客を集め、その一部が有料サービスを利用することで収益を得るフリーミアムモデルです。 これは無料サンプルを配布したなかで、10％程度の人が有料サービスに加入してくれれば収益を上げられるというもので、デジタル製品の複製コストが安いために成立するモデルといえます。最後は、WikipediaやSNSに代表される、注目（トラフィック）と評判（リンク）という金銭以外のインセンティブによって成り立つ非貨幣経済モデルです。

フリーミアムモデルの今昔

フリーミアムとは「フリー（無料）」と「プレミアム（有料）」を合わせた造語で、従来からある試食や無料サンプルもフリーミアムの一部です。しかし、IT技術の進展によってフリーミアム戦略も変化しました。

●従来のフリーミアム

有料90%

Free！

従来は無料サンプルとして、販売促進用に化粧品や飲料のサンプルを配っていたが、コストがかかるため、メーカーは少量で消費者を惹きつけて、より多くの需要を生もうとした

●デジタル製品のフリーミアム

有料10%

GAME

Free！

デジタル製品は複製のコストが極めて安いため、大量の無料サンプルを配布し、その10％程度の人が有料に加入することで、90％の人が無料でも全体としては収益を上げられるようになった

09 広告の効果は どうやって調べる？

世の中にあふれている広告。この広告の効果は
どのようにして測ることができるのでしょうか。

情報を多くの人にリーチさせるためには欠かせない広告。打ち出す場所によっては
広告費もかかるため、その効果を正確に把握しなければいけません。マーケティン
グにおいて、広告の効果測定を行う理論を、**DAGMAR理論**（※）といいます。**こ
の理論の特徴は、効果があったかどうかを客数や売上の増減だけで測るのでは
ないということです。**

コミュニケーション・スペクトラム

※ DAGMAR理論は、以下の5段階を1つひとつクリアすることで売上などの成果が出せると考える
　理論です。各段階の広告効果を測る指標として、「認知率」「商品理解度」「購入意欲度」「実
　売数」などがあります。

※ DAGMAR = Defining Advertising Goals for Measured Advertising Results
　　　　　（広告効果測定のための広告目標を定義すること）

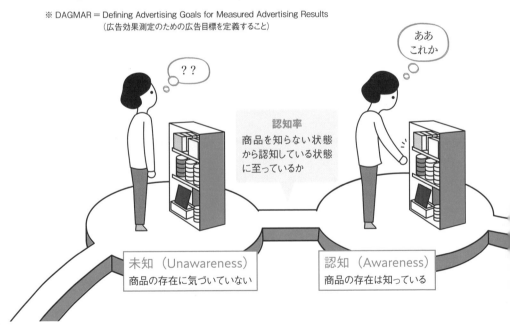

DAGMAR理論は、「未知」「認知」「理解」「確信」「行動」という売上につながる5段階のコミュニケーションのプロセス（コミュニケーション・スペクトラム）を1つひとつクリアすることで、売上や客数などの成果を出すことができるという考え方です。5段階のコミュニケーション目標を設定し、広告を出す前と出したあとの達成度の変化を調査することで、広告効果を測ることができます。

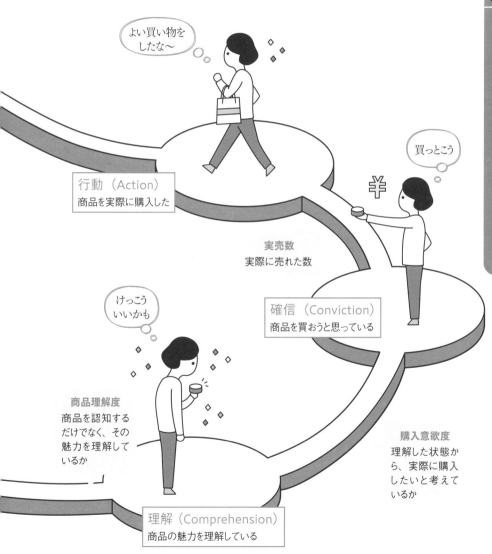

よい買い物をしたな〜

買っとこう

行動（Action）
商品を実際に購入した

実売数
実際に売れた数

けっこういいかも

確信（Conviction）
商品を買おうと思っている

商品理解度
商品を認知するだけでなく、その魅力を理解しているか

購入意欲度
理解した状態から、実際に購入したいと考えているか

理解（Comprehension）
商品の魅力を理解している

10 大企業向けの広告効果測定方法

広告効果の測定方法は DAGMAR 理論以外にも存在します。
特に大企業に適しているのが SOV と呼ばれる手法です。

シェア・オブ・ボイス(SOV)と呼ばれるものがあります。これは大企業向けの広告効果の測定方法で、**ライバル企業やライバル商品・サービスと比較した広告露出度の割合のこと**。商品やサービスのシェアは、広告の絶対的な出稿量ではなく、同じカテゴリーの競合商品やサービスの広告出稿量との比較で決まるという考え方に基づいています。

企業の広告・パブリシティ露出

テレビや Web をはじめ、さまざまな
メディアで広告・パブリシティ展開
が行われています。

70

自社の広告出稿量を同じカテゴリー全体の出稿量で割り、他社とその割合を比べることで、どれだけのシェアを獲得できるかを推測することができます。近年は、統合型マーケティング・コミュニケーション（P.76）の考え方から、SOVを算出するときは、テレビや雑誌などのメディアに自社商品をPRし、記事として掲載してもらうパブリシティ露出も含めて考えます。

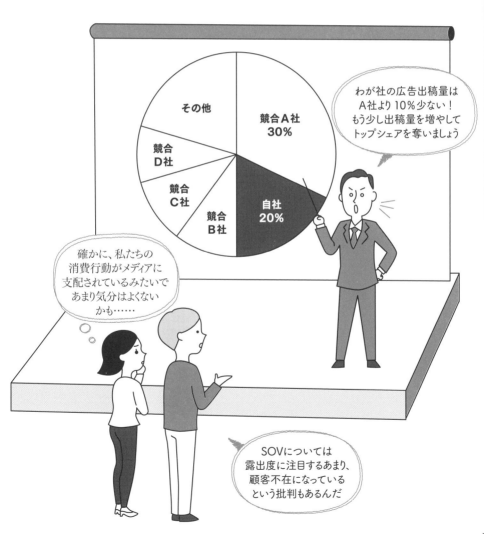

ある業界の SOV の例

11 マーケティングが社会に役立つ？

特に大企業の場合、利益の追求ばかりでなく、
社会に貢献することも求められます。マーケティングも同じです。

昨今注目を集めているのが、社会貢献と自社の売上増加を同時に達成するマーケティング手法です。これは **CRM（コーズ・リレイテッド・マーケティング）** と呼ばれ、企業の商品やサービスの収益の一部が、慈善団体などに寄付されるというもの。つまり、**自社商品の他社との差別化を図りながら、社会的課題の解決に協力することができるのです。**

CRMとCSR

経営学者マイケル・ポーターは、CSRについて以下のように述べています。
CRMは、まさにポーターの考え方に合致したマーケティング手法といえるでしょう。

企業のCSR（企業の社会的責任）活動は、
単なる寄付やフィランソロピー（社会的貢献）
ではなく、自社の事業戦略と結びついた
ものでなければならない

マイケル・ポーター
（1947 ～）

アメリカの経営学者、ハーバード大学経営大学院教授。ファイブフォース分析（P.46）やバリューチェーン分析（P.48）など数々の重要なコンセプトを提唱した。

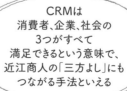

CRMは
消費者、企業、社会の
3つがすべて
満足できるという意味で、
近江商人の「三方よし」にも
つながる手法といえる

消費者から見れば、商品を買うだけで、手軽に自分が関心のある社会貢献活動に協力できるので、その商品を選ぶきっかけになるでしょう。**また企業から見ても、社会貢献活動をしながら商品の購入を促進できるので、一石二鳥です。**アメリカでは現在、このCRMが広告市場の8%を占めるといわれています。日本でも東日本大震災をきっかけに注目されはじめました。

ボルヴィックの「1ℓ for 10ℓ」

CRMの有名な事例の1つに、フランスのナチュラルミネラルウォーターのブランドであるボルヴィックが行った「1ℓ for 10ℓ（ワンリッター・フォー・テンリッター）」があります。

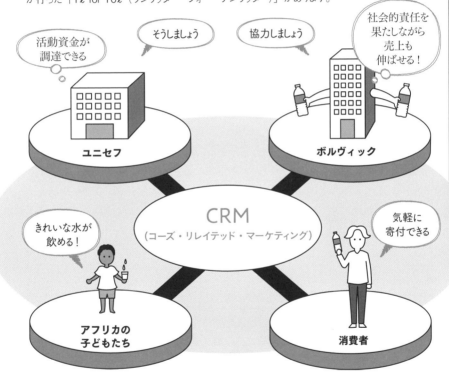

● 「1ℓ for 10ℓ」プログラムとは？

ボルヴィックとユニセフが共同で2005年から10年間取り組んだ活動。プログラム実施期間中、井戸の設置や修理などを通して、ボルヴィック出荷量1ℓにつき10ℓの清潔で安全な水を支援対象国であるマリ共和国の人々に供給するという内容でした（日本ではボルヴィックの輸入・販売元であるキリンビバレッジ社が実施）。

12

「水平思考」で行う マーケティング

マーケティングの神様・コトラーは、これまでにない自由な発想を 使った戦略の立て方を提唱しています。

ラテラル・マーケティングは、新たな発想で考案されたマーケティング手法です。「ラテラル」は「水平」を意味する語。この手法は、従来の枠組みのなかでロジカルに戦略を考えるのではなく、自由な発想や多面的な見方である「水平思考」を用いて戦略を策定します。**これはコトラーの「従来の論理的なマーケティングでは、新たなチャンスを見つけるのは難しい」という考えから提唱されました。**

水平思考の3つのステップ

もともと水平思考は、マルタ出身の作家、医学者、心理学者、発明家であるエドワード・デ・ボノが提唱した発想法です。コトラーは、その方法をマーケティングに応用しました。

①フォーカスを選択

思考の対象となるモノを選択し、その特性を考える。たとえば花なら「香りがいい」「色がきれい」「枯れる」など

②水平移動により ギャップを誘発

①で考えた特性を1つ選び出し、変化を加える。変化のさせ方には、「逆転、代用、結合、強調、除去、並べ替え」の6つの方法がある

③ギャップを埋める 方法を考える

たとえば「花」なら、「枯れる」という特徴を「逆転」させると「いつまでも枯れない」、すなわち「枯れない花＝造花」などの新しいアイデアが出てくる

ズームイン！

あわてない あわてない

このラテラル・マーケティングは3ステップで行います。**①フォーカスを選択する、②水平移動によりギャップを誘発する、③ギャップを埋める方法を考えるです。** たとえば商品が花なら、①で「枯れる」などの特性を考え、②でその特性に変化を加えます。そして③で枯れない方法を考えると、「枯れない花＝造花」などの答えが導き出せるのです。

水平思考の例

「女性がバレンタインデーに最愛の男性にバラの花を贈る」ことを水平思考で考えてみると……

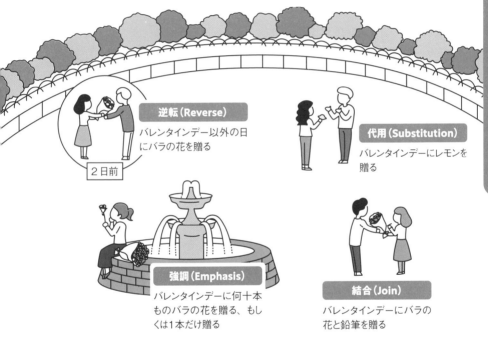

逆転（Reverse）
バレンタインデー以外の日にバラの花を贈る

2日前

代用（Substitution）
バレンタインデーにレモンを贈る

強調（Emphasis）
バレンタインデーに何十本ものバラの花を贈る、もしくは1本だけ贈る

結合（Join）
バレンタインデーにバラの花と鉛筆を贈る

並べ替え（Sorting）
バレンタインデーに、男性が女性にバラの花を贈る

除去（Removal）
バレンタインデーにバラの花を贈らない

※『コトラーのマーケティング思考法』（東洋経済新報社）P.126をもとに作成

 13 統一した マーケティング戦略が必要

広告のメッセージが発信媒体によってバラバラだと、
複数のイメージが混在してしまいます。

同じ商品でも、広告の打ち出し方によってイメージが大きく変化します。場合によっては消費者を混乱させる恐れもあるでしょう。そうした状態に陥らないために現在注目されているのが、**統合型マーケティング・コミュニケーション（IMC）。IMC はあらゆるマーケティング・コミュニケーション活動を戦略的に統合し、統一したメッセージを消費者に伝えていくプロセスのことです。**

統合型マーケティング・コミュニケーションとは？

店舗

商品パッケージ

one point
コーポレート・
アイデンティティ（CI）

社名、ブランド名称、ロゴ、コーポレートカラー、スローガン、コンセプト・メッセージなどを統一することで企業の特徴や個性を提示し、共通したイメージを顧客が認識できるように働きかけること。

一時期 CI が流行ったけど、ロゴを変えるだけでなく、会社全体で統一したマーケティング戦略をつくることが大切だね

IMCを成功させるポイントは、メッセージの特性に応じて発信媒体を上手に使い分けることです。**また、メッセージの統一性など、マーケティング・コミュニケーションの全体を統合管理するプロデューサーやディレクターの存在も欠かせません**。さらには、消費者の視点から自社や商品を見て、どんなメッセージなら届くかを見極めることも重要です。

統合型マーケティング・コミュニケーションとは、1993年にアメリカのノースウェスタン大学のドン・E・シュルツらによって提唱された考え方。商品を打ち出す際は自社内ばかりでなく、外部の広告代理店や制作会社とのイメージ統一も重要です。

14 もう国境にとらわれる時代ではない？

グローバル化が進む現在、世界的な企業は、そのグローバル化に対応したマーケティングを進めているようです。

世界のグローバル化が進むなかで、**グローバル・マーケティング**という手法が用いられるようになっています。これは、**国境にとらわれることなく、地球上にあるすべての国々を1つの市場としてとらえて行うマーケティング活動です**。1983年、「マーケティング近視眼」で有名なセオドア・レビットが論文で取り上げたことから注目を浴びました。

グローバル・マーケティングとは？

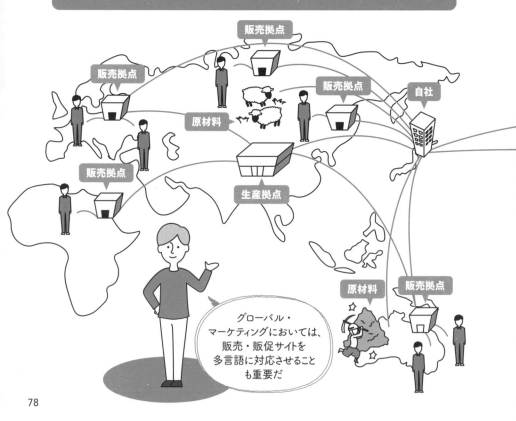

グローバル・マーケティングにおいては、販売・販促サイトを多言語に対応させることも重要だ

レビットは発表した論文のなかで、今後は各国の特性に合わせて商品やサービスをカスタマイズしていくのではなく、世界統一規格の商品を提供していくことが大切であると説いています。グローバル化が加速するなか、**今後は商社やメーカーに限らず、ドメスティック産業（※）でもグローバル・マーケティングを学ぶ必要があるといえるでしょう。**

グローバル化が進んで
日本にもたくさんの外国人が
いるから、ドメスティック産業でも
意識しなくちゃね

※ドメスティック産業…自国の企業が国内の市場を支配
している状態にある産業

販売拠点

販売拠点

🌀 グローバル化が進むと……

技術の進歩とグローバル化が進んでいくと、世界はだんだん同質化し、どこに行っても同じようなものが好まれるようになると考えられています。また、統一規格の商品は大量生産によってコストを低減できるので、顧客からより支持を受けやすいというメリットもあります。

15 世界人口の約72%に注目する

世界の人口のうち、貧困層は70％を超えるといわれています。
この貧困層を見据えたマーケティング手法があります。

世界の人口のうち、約72％は低所得の貧困層であるといわれています。そこに着目したマーケティング手法が、**BOPマーケティング**です。これは、1998年にミシガン大学ビジネススクール教授の C・K・プラハラードによって提唱されました。「BOP」とは世界の貧困層という意味です。**彼らの所得が今後上がることによって、市場を拡大することができると期待を集めています。**

世界の所得ピラミッド

BOPとは「Base of the Pyramid」の略で、世界の貧困層を意味します。今後、所得が上がることでBOP層が大きな顧客に成長していくと期待されています。

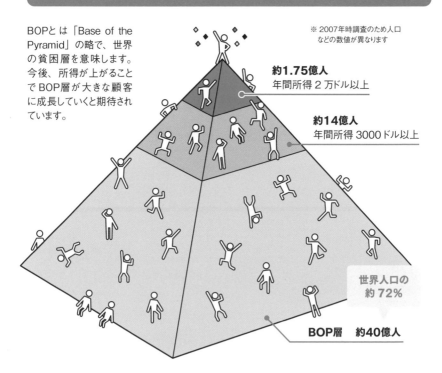

※ 2007年時調査のため人口などの数値が異なります

約1.75億人
年間所得 2 万ドル以上

約14億人
年間所得 3000 ドル以上

世界人口の
約72%

BOP層　約40億人

出典：「THE NEXT 4 BILLION〔2007 World Resource Institute, International Finance Corporation〕」

BOPマーケティングの成功例に、日用品企業であるヒンドゥスタン・ユニリーバが挙げられます。同社は、使いきりサイズに小分けしたボディソープを販売したことで有名です。**1本数百円するボディソープも、小分けにすれば数円で販売できるので、お金のないBOP層でも購入できます**。このような施策でBOP層が育っていけば、今後、彼らが大きな顧客層へと成長していくことが期待できます。

ユニリーバの BOP マーケティング

日用品企業であるヒンドゥスタン・ユニリーバは、
以下の BOPマーケティングを行って新しい市場を開拓しました。

◀ ユニリーバはインドの BOP層が買えるように、使いきりサイズの低価格のボディーソープを販売

さらにインドの貧しい農村地域の女性を ▶
集めて販売員に。彼女たちに収入源を
もたらすとともに貧困層に市場を拡大

◀ これにより貧困層に「せっけんで手を洗う」という習慣が広がり、衛生面が向上したことで社会貢献にもなった

コストコを成功に導いた 会員制モデル

　コストコをご存じでしょうか。1983年に、倉庫を改造した店舗で卸し業者を通さず、消費者に直接販売するモデルを開始した会員制のスーパーマーケットです。品質の高いモノを安く買えると評判ですが、年会費を払い、会員になった人しか利用することができません。

　コストコが行っている「会員制モデル」には多くのメリットがあります。まず、毎月会員費を取ることで、お客さんは行かないと損をすると考えるため、「リピート効果」があります。また、お店側はお客さんが来なくても会員費を取れるうえ、お客さんが来たらモノを売ってさらに儲けることができます。スポーツクラブなどでも用いられている「会員制モデル」ですが、コストコはこのビジネスモデルで大成功を収め、今では全米屈指の巨大企業になりました。

　ほかの企業が行う会員制モデルには、ブラックカードやリゾート会員権、ゴルフ会員権などのような年会費数十万円以上のものも。このように、安さを売りにするのではなく、ステータスを感じさせる手法もあります。

chapter.04

消費者の心をつかむ
マーケティング理論

企業のファン獲得のためには、
消費者の期待を超えるモノを
つくる必要があります。
本章では、顧客を惹きつけるための
マーケティング理論を解説します。

01 顧客の期待を 満たすことが重要

十分なマーケティング戦略を立てたら、顧客の満足度を高めていく必要があります。

消費者を自社のファンにするためには、**顧客満足（CS）**を高めることが重要です。**顧客満足とは、購入した商品やサービスが、顧客の期待を満たしていることであり、その期待をどのくらい満たしているかで顧客満足度の高さが決まります。**この概念はセオドア・レビットが提唱した「マーケティング近視眼」で取り上げられ、注目されるようになりました。

企業は顧客満足と顧客の創造のためにある

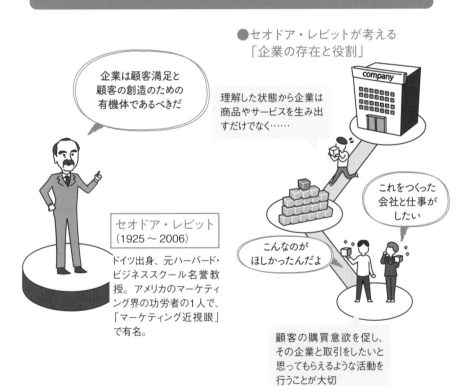

●セオドア・レビットが考える「企業の存在と役割」

企業は顧客満足と顧客の創造のための有機体であるべきだ

理解した状態から企業は商品やサービスを生み出すだけでなく……

これをつくった会社と仕事がしたい

こんなのがほしかったんだよ

セオドア・レビット
（1925～2006）
ドイツ出身、元ハーバード・ビジネススクール名誉教授。アメリカのマーケティング界の功労者の1人で、「マーケティング近視眼」で有名。

顧客の購買意欲を促し、その企業と取引をしたいと思ってもらえるような活動を行うことが大切

レビットは、経営者の使命は顧客を創造できる価値を提供することによって顧客満足を生み出すことであり、経営者はこの考え方を組織全体に継続的に広める必要があると主張しています。そして顧客を創造できる価値＝**顧客価値**は、顧客が得るもの（ベネフィット）と失うもの（コスト）の相関関係から生まれます。企業は顧客が何を求めているのか、見極める必要があるのです。

顧客価値を上げる方法とは？

セオドア・レビットは、「ドリルを買いに来た人がほしいのは、ドリルではなく穴である」といいました。これは、顧客価値を説明するうえで一番わかりやすい言葉かもしれません。顧客価値を上げる方法としては、以下の5つが考えられます。

※「B」＝ベネフィット、「C」＝コスト

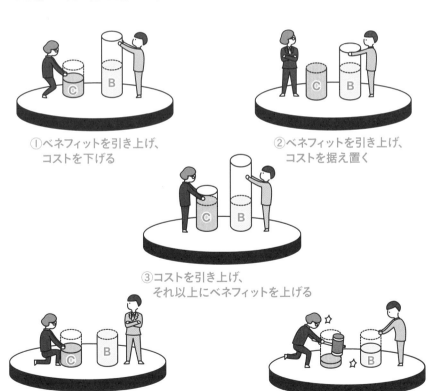

①ベネフィットを引き上げ、
　コストを下げる

②ベネフィットを引き上げ、
　コストを据え置く

③コストを引き上げ、
　それ以上にベネフィットを上げる

④ベネフィットは据え置くが
　コストは下げる

⑤ベネフィットを引き下げ、
　それ以上にコストを下げる

02 事前の「期待」を上回ることが大切

顧客満足はどうすれば満たされるのでしょうか。
それには、「期待」が大きく関与しているようです。

顧客満足は、どのようなメカニズムで形成されるのでしょうか。これは、**期待不確認モデル**という理論で読み解くことができます。その方程式は、顧客満足＝顧客が感じた価値（P）－事前期待価値（E）。つまり、**実際のパフォーマンス（P）が顧客の期待したパフォーマンスの期待値（E）を上回ることができれば、顧客は満足したということになります。**

期待不確認モデルの方程式

顧客満足度の方程式は、「顧客満足＝顧客が感じた価値（P）－ 事前期待価値（E）」。
「P＞E」なら満足、「P＜E」であれば不満足を意味する。

ただし、ISO9000（※）の基準では、「P＝E」でも「満足」としています。
※ ISO9000…ISO（国際標準化機構）によって制定された品質保証のための国際規格

また、マーケティング学者のジョン・E・スワンらは、顧客満足について「本質機能と表層機能の双方が顧客の期待と一致したときに顧客は満足する」と述べています。本質機能とは、顧客がその商品やサービスに最初に求める機能です。顧客満足を高めるにはまず、本質機能をしっかり提供することを考え、そのあとに表層機能を充実させることが肝要だといえるでしょう。

本質機能と表層機能

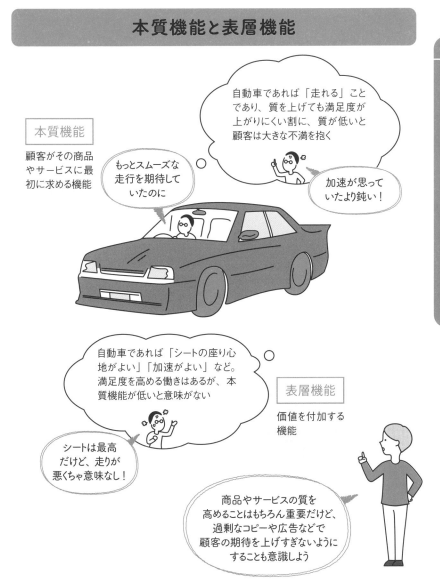

本質機能

顧客がその商品やサービスに最初に求める機能

もっとスムーズな走行を期待していたのに

自動車であれば「走れる」ことであり、質を上げても満足度が上がりにくい割に、質が低いと顧客は大きな不満を抱く

加速が思っていたより鈍い！

自動車であれば「シートの座り心地がよい」「加速がよい」など。満足度を高める働きはあるが、本質機能が低いと意味がない

表層機能

価値を付加する機能

シートは最高だけど、走りが悪くちゃ意味なし！

商品やサービスの質を高めることはもちろん重要だけど、過剰なコピーや広告などで顧客の期待を上げすぎないようにすることも意識しよう

KEY WORD ▶▶▶ ☑ 顧客生涯価値（ライフタイムバリュー、LTV）

03 1人の顧客はどのくらい購入してくれる？

1人の顧客が生涯でどのくらい購入してくれるのか。
マーケティングではその数値を算出します。

1人の顧客が、生涯でどれくらい商品を購入してくれるのかを算出する方法があります。それが**顧客生涯価値（ライフタイムバリュー、LTV）**と呼ばれるもの。正確には、これまで購入した総額から、その顧客を維持するためにかかった費用を差し引いた利益額を算出すればよいのですが、**顧客全員の顧客生涯価値をそれぞれ計算するのは困難なため、顧客全体のデータで計算するのが現実的です。**

LTVの方程式

LTVは、1人の顧客が生涯でどのくらい購入してくれるかの指標で、極めて重要な概念です。

LTV ＝ 年間取引額 × 収益率 × 取引継続年数

毎度ありがとうございます

コストを差し引くと50％の収益率

もう20年も購入いただいているなぁ

ただし、顧客1人ひとりのLTVを計算するのは非常に手間とコストがかかるため、顧客全体のデータで計算したほうが現実的です。なお、LTVの方程式はいくつかあり、以下の式もよく使われます。

お客さん全体を平均すると……

LTV ＝ 顧客の平均購入単価 × 平均購入回数
LTV ＝ （売上高－売上原価）÷ 購入者数

方程式にすると、年間取引額×収益率×取引継続年数となります。顧客生涯価値を高めるには、顧客単価やリピート率などを上げていくことが必要です。つまり、**目先の利益を追い求めるのではなく、長期的な信頼関係を築いていくという考え方が大切**。いかに自社のファンにしていくかを考えるのです。また、そうしながらも、顧客維持に使用するコストを抑えることも意識しましょう。

LTVを高める方法

LTVをいかに高めるかは、企業にとってもっとも重要な課題の1つです。

●大切なのはリピーター

どの業界も、競合他社がひしめいているため、他社の顧客を奪うことは簡単ではない。顧客単価やリピート率などを上げていくことが必要である

新規顧客の獲得コストは、既存顧客を維持するコストの5〜10倍

●LTVを高めるには……

LTVを高めるには、目先の利益より長期的な信頼関係を築くこと。商品やサービスの顧客に、いかに自社のファンになってもらうかが重要である

リピーターを増やすにはアフターサービスや接客も大切

04 情報を共有して
得意客を得る

マーケティングにおいて顧客のデータベース化は重要項目。
各部門のリレーションシップも大切だとされています。

前ページで解説したLTVと同様に、**CRM（カスタマー・リレーションシップ・マネジメント）**もとても大切な概念です。**CRMとは、顧客情報をデータベース化して、営業部門はもちろん、コールセンターやサービス窓口など、顧客と接する全部門と情報を共有することで、個々の顧客にきめ細かい対応を行えるようにする取り組みです。**

CRMとは？

CRMは、顧客情報を共有することで顧客へきめ細かい対応を行い、
信頼感を高める方法です。

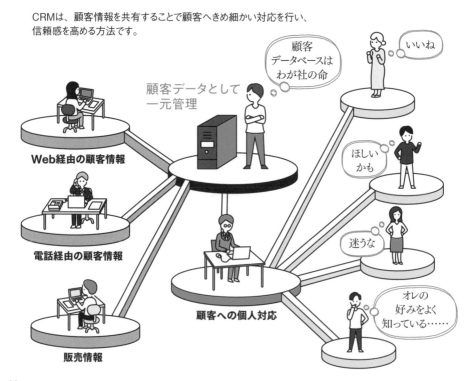

集める情報は①顧客の年齢や性別、居住地などの基本データ、②趣味、嗜好などの個人情報、ライフスタイル、③過去の購入情報・利用状況、購入した動機や好み、④問い合わせや苦情など、過去のコンタクト履歴。これらを活かして、顧客からの質問や要望に応えたり、顧客が求めそうな商品情報を提供したりします。**そうすることで、長期的に利用してくれる得意客を得ることができるのです。**

CRMで活用される情報

CRMのために以下のような情報が集められるほか、アンケートも活用されます。

42歳男性
○○県在住
○○社勤務
妻子あり
（娘7歳と4歳）
…etc.

**顧客の年齢や性別、居住地などの
基本データ**

趣味は読書
喫煙者
インドア派
和食好き
…etc.

**趣味、嗜好などの個人情報、
ライフスタイル**

この
お客さんは
年平均2回
購入

**過去の購入情報・利用状況、
購入した動機や好み**

**問い合わせや苦情など、
過去のコンタクト履歴**

ただし、商品情報を過剰に
送りつけると、かえって顧客満足度が
下がってしまい、最悪の場合、
得意客が逃げてしまう可能性も

05 熱狂的な「信者」を つくり出す

企業の熱狂的なファン、いわゆる「信者」と呼ばれるような人を
つくるには、どうしたらいいのでしょうか。

自社商品やサービスを長期的に使ってくれる顧客をつくるために有効なマーケティング戦略が**ロイヤルティ・マーケティング**です。**これは、企業のいわば「信者」をつくるための手法**。具体的には、クーポンやノベルティを渡したり、商品を値引きしたりする金銭的な還元（ハードベネフィット）や、VIP向けイベントや展示会に招待する特権の提供（ソフトベネフィット）などがあります。

顧客ロイヤルティを高めると……

顧客ロイヤルティ（※）を高めると、顧客が商品やサービスを継続して購入してくれるばかりでなく、自ら宣伝までしてくれる場合もある

※顧客ロイヤルティ…顧客が企業やブランド、商品、サービスに対して抱く愛着や信頼の度合いのこと

▲ 広告などで購入を促さなくても、
　顧客が商品を買ってくれる

▲ 顧客が周りの人に
　商品のよさを宣伝してくれる

▲ 多少価格が高くても、
　顧客は気にせず買ってくれる

前述したCRM（P.90）やパーミッション・マーケティング（P.110）などが、この戦略に活用されます。また、ブランドイメージを向上させるために、**研究開発に投資して質の高い商品を生み出し続けたり、優れた顧客サービスを徹底したり、広告などでよいイメージをつくり出したりすることも、顧客ロイヤルティを高めるために必要なことです。**

顧客ロイヤルティを高める方法

●特権の提供

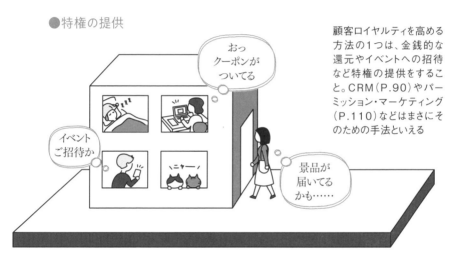

顧客ロイヤルティを高める方法の1つは、金銭的な還元やイベントへの招待など特権の提供をすること。CRM（P.90）やパーミッション・マーケティング（P.110）などはまさにそのための手法といえる

●ブランディング

ブランドイメージは商品だけでなく、企業や事業などにも関係している。イメージの維持には常に顧客の変化をとらえることが重要だが、変わらぬよさも根強いファンを生み出す秘訣のため、バランスが大切

06 個人のライフスタイルに注目する

人にはそれぞれライフスタイルがあります。そのライフスタイルを取り入れたマーケティング法とは、どのようなものなのでしょうか。

個人のライフスタイルに注目して生まれたマーケティング手法もあります。それは**ライフスタイル・マーケティング**と呼ばれるものです。1978年にスタンフォード研究所（現 SRI インターナショナル）がライフスタイルを分析した「VALS(Values and Life-styles)」のなかで、**「個人の価値観」「ライフスタイル」という概念をマーケティングに持ち込んだこと**からはじまりました。

VALSとは？

「VALS」では、個人のライフスタイルは「活動」「関心」「意見」の3つで形成されるという考え方に基づいて、消費者をグループ分けしています。

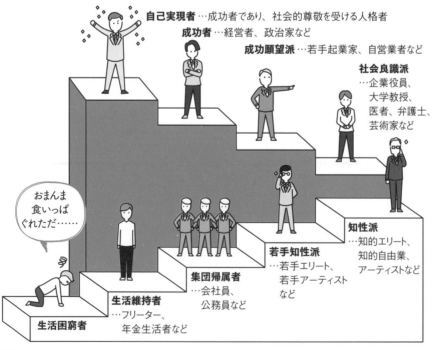

自己実現者…成功者であり、社会的尊敬を受ける人格者
成功者…経営者、政治家など
成功願望派…若手起業家、自営業者など
社会良識派…企業役員、大学教授、医者、弁護士、芸術家など
知性派…知的エリート、知的自由業、アーティストなど
若手知性派…若手エリート、若手アーティストなど
集団帰属者…会社員、公務員など
生活維持者…フリーター、年金生活者など
生活困窮者

おんまま食いっぱぐれただ……

この手法では、経済環境や人間の心理をもとに消費者を9つに分類します。それが「自己実現者」「成功者」「成功願望派」「社会良識派」「知性派」「若手知性派」「集団帰属者」「生活維持者」「生活困窮者」です。消費者を分類することで、**価値観やライフスタイルの大きな流れを把握でき、どんな顧客層に自社商品やサービスを売るべきかを考えるときの指標になります。**

ライフスタイルの分類とAIO

● AIOとは？

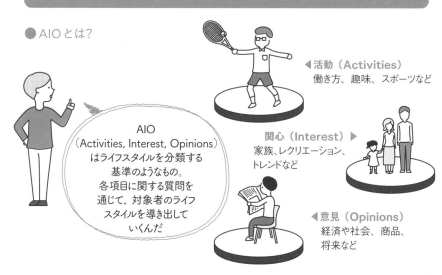

AIO
（Activities, Interest, Opinions）
はライフスタイルを分類する
基準のようなもの。
各項目に関する質問を
通じて、対象者のライフ
スタイルを導き出して
いくんだ

◀ 活動（Activities）
働き方、趣味、スポーツなど

関心（Interest）▶
家族、レクリエーション、
トレンドなど

◀ 意見（Opinions）
経済や社会、商品、
将来など

● ライフスタイルの分類の例

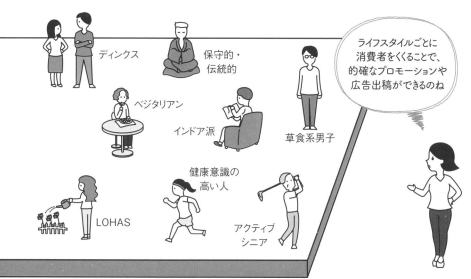

ディンクス

保守的・
伝統的

ベジタリアン

インドア派

草食系男子

ライフスタイルごとに
消費者をくくることで、
的確なプロモーションや
広告出稿ができるのね

LOHAS

健康意識の
高い人

アクティブ
シニア

07 購買意思を決定する 4つのプロセス

消費者がモノを購入する意思決定をするまでには、
どのようなプロセスがあるのでしょうか。

消費者が商品やサービスを見つけてから購入に至るまでには、どのような思考のプロセスがあるのでしょうか。購買意思が生まれるまでの過程を分析し、それを理論化したものを、**ハワード＝シェス・モデル**といいます。**これは、生命体が刺激を受けてそれに反応するという、S-O-Rモデル**(※)**の代表的な例だといわれています。**

ハワード＝シェス・モデルとは？

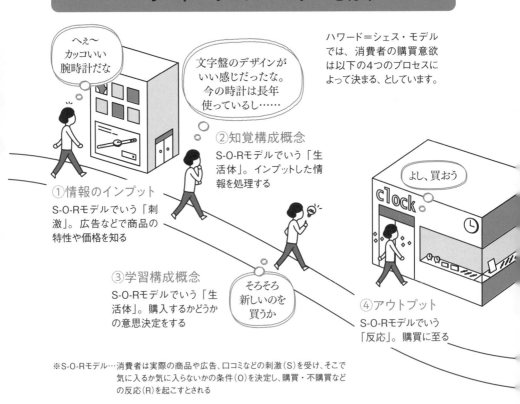

へぇ〜
カッコいい
腕時計だな

文字盤のデザインが
いい感じだったな。
今の時計は長年
使っているし……

②知覚構成概念
S-O-Rモデルでいう「生活体」。インプットした情報を処理する

①情報のインプット
S-O-Rモデルでいう「刺激」。広告などで商品の特性や価格を知る

③学習構成概念
S-O-Rモデルでいう「生活体」。購入するかどうかの意思決定をする

そろそろ
新しいのを
買うか

よし、買おう

c|ock

④アウトプット
S-O-Rモデルでいう「反応」。購買に至る

ハワード＝シェス・モデルでは、消費者の購買意欲は以下の4つのプロセスによって決まる、としています。

※S-O-Rモデル…消費者は実際の商品や広告、口コミなどの刺激（S）を受け、そこで気に入るか気に入らないかの条件（O）を決定し、購買・不購買などの反応（R）を起こすとされる

ハワード＝シェス・モデルでは、購買意思は**①情報のインプット、②知覚構成概念、③学習構成概念、④アウトプット**の、4つのプロセスによって決まるとしています。これらのプロセスは、状況に応じて拡大的問題解決、限定的問題解決、日常的反応行動に分かれます。マーケティング全般を考えるときの基本として、覚えておいたほうがよい知識です。

購買に至る意思決定の3つのパターン

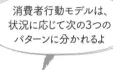

消費者行動モデルは、状況に応じて次の3つのパターンに分かれるよ

拡大的問題解決

今まで使ったことも、買ったこともない商品を購入する場合。多くの情報を検索してから検討する

よく調べないとまた失敗するからな……

限定的問題解決

商品内容を理解している場合。自分が本当にほしい商品なのかどうかを確認する意味で情報検索・収集を行う

一度お店に実物を見に行くか

日常的反応行動

いつも買っている商品を再び買う場合。情報の検索をすることなく、すみやかに購入が決定される

あっ、ない。買いに行かないと

08 消費者の「ニーズ」ではなく「感情」を動かす

感情が動けば、人は消費活動を行う!?
感情を動かすマーケティング手法を学びましょう。

消費者のニーズではなく、感情を動かすマーケティング手法もあります。それが1999年にバーンド・H・シュミット教授が提唱した**経験価値マーケティング**です。かつて消費者は自分のニーズを満たすために消費者行動をしているとされていましたが、このマーケティング理論では、**自分たちの感覚をときめかせて、感情を揺り動かし、心を刺激するような経験価値が消費活動を左右する**と考えました。

「結果価値」と「経過価値」

モノがあふれている今日、商品デザインや高級感の演出などニーズを満たす「結果価値」だけでなく、「経過価値(プロセスの価値)」や「経験価値」が重要になってきています。

経験価値とは、商品やサービスを利用することで得られる感動や喜び、満足感といった心理的・感覚的価値のことです。 経験価値は「SENSE（感覚的経験価値）」「FEEL（情緒的経験価値）」「THINK（創造的・認知的経験価値）」「ACT（肉体的経験価値）」「RELATE（準拠集団や文化との関連づけ）」の5つに分かれます。それぞれに合ったマーケティング戦略を考えることが大切なのです。

5つの経験価値

経験価値マーケティングは、ニーズではなく感情を動かすマーケティング手法です。

②FEEL
（情緒的経験価値）
企業はブランドに愛着を抱いたり、感情移入したりできるような訴えかけをする

③THINK
（創造的・認知的経験価値）
顧客の知性や好奇心に訴えかける

こんなに香り高いコーヒーははじめてだ

珍しい写真集もあって面白いな

エレガントなのにかわいい！来るたびにワクワクしちゃう

①SENSE
（感覚的経験価値）
視覚、聴覚、嗅覚、味覚、触覚の五感に訴えかける

やっぱりセンスいいな

⑤RELATE
（準拠集団や文化との関連づけ）
顧客が属したいと考えるグループ・文化などと結びつけて商品やサービスを訴求する。有名人をブランドの広告塔に起用するのもその一例

④ACT
（肉体的経験価値）
食生活や時間活用など新たなライフスタイルを提案し、行動を誘発する

どれもおしゃれでかわいいし身体や環境にも優しそう

09 顧客の「状況」から ニーズをとらえる

ネットを開くと目にするアドワーズ広告。こういった広告には
巧みなマーケティングが仕掛けられています。

Google や Yahoo! などの検索エンジンを使うと目にするアドワーズ広告。これは顧客の置かれている状況からニーズをとらえる**コンテクスト・マーケティング**と呼ばれる手法です。アドワーズ広告のしくみとしては、**サイト運営者がサイトに広告枠を貼ると、そのサイトのコンテンツの文脈を読み取り、閲覧している人が興味を持ちそうな広告を表示します。**

Amazon のコンテクスト・マーケティング

上で紹介したアドワーズ広告のほか、Amazon が購入履歴や同じ本を買ったほかの人の購入履歴の傾向などからおすすめの本を紹介することも、コンテクスト・マーケティングの例です。

オフィスグリコもコンテクスト・マーケティングの成功例です。これはグリコのお菓子が入った箱を、契約したオフィスに置いておき、社員がお金を入れて購入するというシステム。**「小腹がすいたときに」「外に行かずに」という欲望をうまくとらえて、支持を集めました**。また、Google検索で野球関連のサイトを表示したとき、スポーツ用品店などの広告が出てくるのもコンテクスト・マーケティングの1つです。

リアルの世界でのコンテクスト・マーケティング

●オフィスグリコ

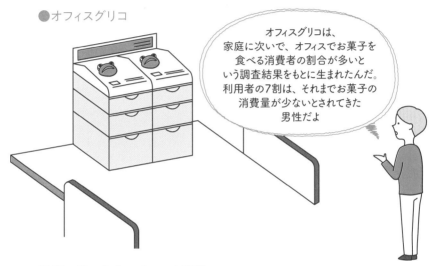

オフィスグリコは、家庭に次いで、オフィスでお菓子を食べる消費者の割合が多いという調査結果をもとに生まれたんだ。利用者の7割は、それまでお菓子の消費量が少ないとされてきた男性だよ

●駅に置かれたアイスの自販機

よく駅構内にアイスの自販機が置かれているけど、一番の購入層はお酒を飲んだ帰りの会社員だそう。これも、埋もれていた男性のコンテクストを読み取った例といえるわ

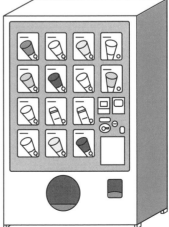

10 少額の予算でアイデア勝負

お金がない人でもできるマーケティング手法が存在します。
口コミされやすい、伝染力のある方法を知りましょう。

資金が潤沢でない場合でもできる、周りをあっと驚かせるようなマーケティングがあります。それは**ゲリラ・マーケティング**と呼ばれるもので、主に中小企業が活用しています。**少額の予算で効果的に商品やサービスを宣伝できることが最大のメリット**で、アメリカのコンサルタント、ジェイ・コンラッド・レビンソンによって提唱されました。

ゲリラ・マーケティングの実例

IKEA
「Everyday Fabulous（毎日を素晴らしく）」というキャンペーンで、街のさまざまな場所にIKEAの家具を設置

日本でもある出版社が、アルバイトを雇って彼らを電車の同じ車両に乗り込ませ、一斉に同じ本を読ませるというゲリラ・マーケティングを行ったんだ

面白ーい！

NIKE
この日は車の使用を控えましょうという「International Car Free Day」に、駐車違反の際に貼られる車輪止めに似たスニーカーを設置

具体的には「フラッシュモブ」と呼ばれる、公共の場所で突然数人から数十人の人が踊り出すパフォーマンスでブランドの宣伝を行ったり、街頭で商品をプレゼントしたりします。奇抜なアイデアで人々を驚かすことで口コミを生み出し、インパクトを与えるようなブランドの創造を目指すのです。**アイデア1つで口コミを起こせる画期的な手法だといえます。**

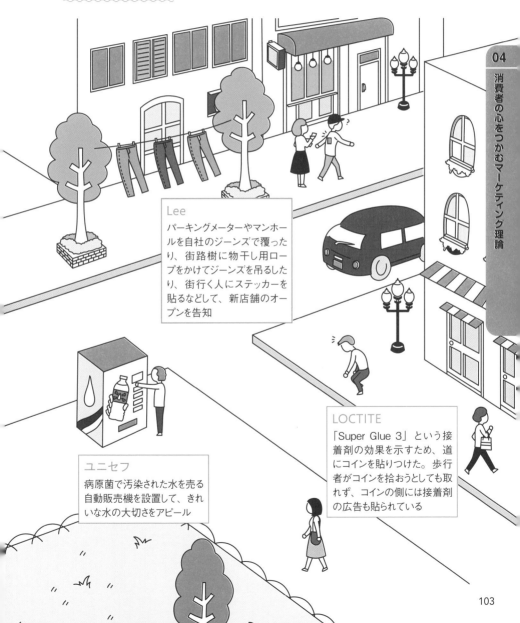

Lee
パーキングメーターやマンホールを自社のジーンズで覆ったり、街路樹に物干し用ロープをかけてジーンズを吊るしたり、街行く人にステッカーを貼るなどして、新店舗のオープンを告知

LOCTITE
「Super Glue 3」という接着剤の効果を示すため、道にコインを貼りつけた。歩行者がコインを拾おうとしても取れず、コインの側には接着剤の広告も貼られている

ユニセフ
病原菌で汚染された水を売る自動販売機を設置して、きれいな水の大切さをアピール

11 スポーツイベントはアピールのチャンス！

スポーツ中継でよく見かける看板広告。巨額な予算を
投じてまで広告を出すメリットとは何でしょうか。

TVでスポーツ中継を観ていると、競技場内の看板広告に企業名が大きく掲載されています。これは**スポンサーシップ・マーケティング**と呼ばれる手法で、オリンピックなどの大きなイベントのスポンサーになることで、自社や自社商品を多くの人に伝えるというものです。**看板広告だけでなく、ポスターやユニフォームなどにも自社のロゴや商品を載せ、たくさんの人に宣伝することができます。**

世界を対象とするスポンサーシップ・マーケティング

スポンサーシップ・マーケティングが世界に広がったきっかけは、1984年のロサンゼルス・オリンピック。大会委員長のピーター・ユベロスが1業種につき1社の「オフィシャル・スポンサーシップ制度」を導入し、多額の運営資金を集めることに成功しました。大きな大会ほどその宣伝効果は高いですが、その分スポンサー料は極めて高額になります。

このマーケティング手法が生まれたきっかけは、アメリカでタバコ会社のCMがTV・ラジオで放送禁止になったことでした。代わりの広告媒体を探した末に行き着いたのが、スポーツの競技場の看板広告だったというわけです。**スポンサー料は高額ですが、大きなイベントであれば世界の津々浦々に自社や自社商品をアピールできるので、近年、注目を浴びている手法です。**

あらゆるスポーツに広がるスポンサーシップ制度

前ページのロサンゼルス・オリンピックをきっかけに、オフィシャル・スポンサーシップ制度はほかのアマチュアスポーツに広がり、ユベロスがメジャーリーグのコミッショナーに就任すると、プロスポーツにも浸透していきました。

●ユニクロの例

日本でもユニクロが
テニスの錦織圭選手で成功！
なお錦織選手は、ユニクロを
含めた世界中の企業18社と
スポンサー契約を結んでいるよ
（2018年時点）

●レッドブルの例

2003年から2019年まで
開催されていた
「レッドブル・エアレース」は
レッドブルの主導で企画された大会。
既存の大会を後援するという
従来の形ではなく、企業自らが
大会をつくったの

12 商品や企業を さりげなくアピール

映画や TV 番組のなかでのさりげない広告。
しかし、一歩間違えると逆効果になる場合もあるため要注意です。

競技場ではなく、**映画や TV 番組のなかで企業の商品やロゴなどをさりげなく登場させて視聴者にアピールする手法があります。** それが**プロダクト・プレイスメント**です。この手法は、1955年の映画『理由なき反抗』で、ジェームズ・ディーンが使っている櫛がほしいという問い合わせが殺到したことをヒントに、映画会社がはじめたといわれています。

通常の CM とプロダクト・プレイスメント

プロダクト・プレイスメントは、次のページで紹介する『007』シリーズばかりでなく、
日本のドラマや映画、アニメなどでも広く取り入れられています。

●通常の CM

> CMか……
> 早送りしよう

かつてはテレビCMがもっとも有力な広告媒体として認知されていた。しかし、現在はテレビ番組を録画で視聴する人が増え、CMは飛ばされることが多くなったことから、従来型のCMとは異なる手法が求められるようになった

●プロダクト・プレイスメント

> あの主人公が
> している腕時計
> カッコいいな……

プロダクト・プレイスメントでは、映画やドラマの本編のなかでさりげなく製品や企業を宣伝。最近は、インターネットで「○○の番組で使われていたバッグは○○社の○○だ」といった情報が流れやすいことも、注目を浴びる要因となっている

映画『007』シリーズでは、アストンマーティンやトヨタ自動車の車、オメガの時計やソニー・エリクソンの携帯電話、ボランジェのシャンパンなど、さまざまな製品が登場しています。プロダクト・プレイスメントはテレビCMと違って早送りされないのがメリットですが、**不自然なほど商品の登場シーンが多かったりすると、観ている人は辟易(へきえき)とし、かえって企業イメージが悪くなってしまう場合があります。**

さまざまなプロダクト・プレイスメントの手法

私たちが何気なく見ている映像のなかで、さまざまなプロダクト・プレイスメントが行われています。

『007』シリーズのように、特定の企業の製品を作品のなかに登場させる手法は、プロダクト・プレイスメントの代表的な例

特定の店舗や企業、あるいは広告看板などを作品のなかに登場させる場合もある

確かに普通のCMより自然に見てしまうな

作品に登場する人物が使用する服や装飾品なども対象となる

スポーツ選手などがインタビューを受ける際、背景にスポンサー名などを記したボードを置く場合もある

スポンサーシップ・マーケティングで紹介した、スポーツ選手のスポンサーとなりユニフォームなどにロゴをつけてもらう手法もプロダクト・プレイスメントの1つ

数値データをもとに行う
マーケティングの定量分析手法

　「定量分析手法」とは、数値データをもとに行う分析手法です。その1つ、「ROS／RMS分析」は、業界における各社の営業利益率 ROSを縦軸に、国内でのマーケットシェアの割合 RMSを横軸に取ることで、競合状況を可視化する分析手法です。

　これを使えば競合との差が一目瞭然になり、自社の目指す方向性を明確化できます。なおRMSは、シェア1位の企業は2位との比率を、2位以下の企業は1位との比率を取ることになります。

　また、「多変量解析」は多くのデータをもとに、その関係性を明らかにする統計的方法です。「顧客から寄せられたアンケート結果から、自社の強みや弱みを知りたい」といった場合に使われます。多変量解析には、「重回帰分析」「主成分分析」「因子分析」「判別分析」「クラスター分析」「コンジョイント分析」などがあります。

　「定量分析手法」による分析結果は重要ですが、データに表れない、その背後にある顧客の心理を読み解くことが何より大切です。

NEW

chapter.05

最新
マーケティング理論

SNSの台頭やAIの発達など、
マーケティングを取り巻く環境はめまぐるしく変化
しています。時代に合った最新マーケティング
理論とはどのようなものなのでしょうか。

「ジャマ」をするのではなく「同意」を得る

01 NEW

宣伝メールがわずらわしいと思ったことはないでしょうか。
潜在顧客から"同意"を得ることを目標とする手法があります。

過剰な宣伝メールやDMに辟易したことのある人も多いでしょう。**現代は顧客の関心を惹こうとする広告にあふれているため、頻繁に届く広告を「ジャマ」だと感じてしまいます**。それを解消するべく登場した手法が**パーミッション・マーケティング**です。これは、元 Yahoo! のダイレクト・マーケティング担当副社長のセス・ゴーディンによって提唱されました。

パーミッション・マーケティングの3大要素

パーミッション・マーケティングは「期待されていて、パーソナルで、適切な」
働きかけをするマーケティングです。

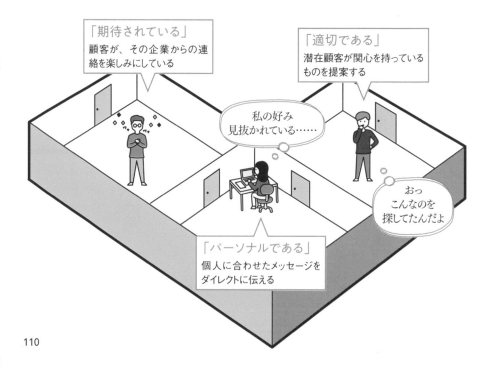

「期待されている」
顧客が、その企業からの連絡を楽しみにしている

「適切である」
潜在顧客が関心を持っているものを提案する

私の好み
見抜かれている……

おっ
こんなのを
探してたんだよ

「パーソナルである」
個人に合わせたメッセージを
ダイレクトに伝える

ゴーディンは、潜在的な顧客に何かを買ってもらいたいなら、テレビCMや電話、DMなどで消費者の生活をジャマするのではなく、消費者から売買のプロセスに参加してもよいという同意（パーミッション）を得るべきだといっています。**その考えのもと、「期待されていて、パーソナルで、適切な」働きかけをするのが有効です。**具体的には、以下の5つのステップで潜在顧客との関係を築いていきます。

パーミッション・マーケティングの5つのステップ

パーミッション・マーケティングでは、以下の5つのステップを
踏むことで、本当に興味がある顧客をつかめると考えます。

⑤時間をかけてパーミッションを活用し、消費者の行動を変化させて利益を生み出す

ほかにもある？

それも面白いわ

④追加のインセンティブを提供し、消費者からさらにパーミッションを得る

いいわ

③インセンティブを強化し、潜在顧客からパーミッションを得続けられるようにする

そうなんだ

②潜在顧客が向けてくれた関心を利用し、時間をかけて自社商品やサービスについて説明する

へぇ〜

①潜在顧客が自らその気を起こすようなインセンティブ（情報やエンターテインメント、商品など）を用意する

02 NEW

「顧客がほしい情報」を発信する

関心のある情報なら人は積極的に見ようとします。
その情報は、SNS などによって拡散されていくのです。

近年注目を浴びているマーケティング手法に、顧客がほしい情報を発信する**インバウンド・マーケティング**があります。これはアメリカのマーケティング会社、ハブスポット社が提唱したもの。**「インバウンド」とは、顧客からの問い合わせに応じる活動を指し、「アウトバウンド」とは、企業から顧客へ行うテレマーケティング（電話による勧誘）などの活動を指します。**

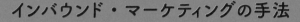

インバウンド・マーケティングの手法

インバウンド・マーケティングは、ユーザーが知りたいことを
発信することでアクセスを集める方法です。

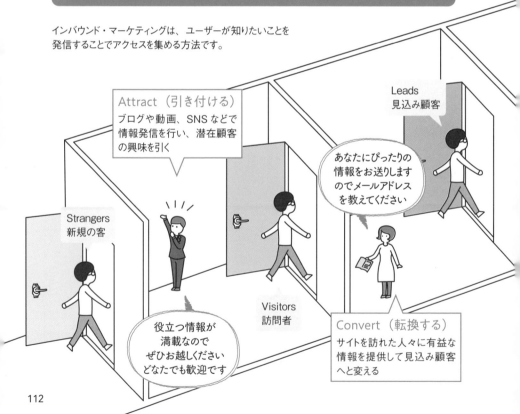

Attract（引き付ける）
ブログや動画、SNS などで
情報発信を行い、潜在顧客
の興味を引く

Leads
見込み顧客

あなたにぴったりの
情報をお送りします
のでメールアドレス
を教えてください

Strangers
新規の客

役立つ情報が
満載なので
ぜひお越しください
どなたでも歓迎です

Visitors
訪問者

Convert（転換する）
サイトを訪れた人々に有益な
情報を提供して見込み顧客
へと変える

広告などを使って企業から顧客へ一方的に商品を売り込むのではなく、ユーザーの困っていることや知りたいこと、関心があることについてブログや動画、SNS などで情報発信を行います。そしてそれが SNS で拡散されることでユーザーからの自主的なアクセスを集め、最終的には商品やサービスの販売につながることを目指すのです。**インバウンド・マーケティングで大切なのは、企業が伝えたい情報ではなく、顧客がほしい情報を発信することです。**

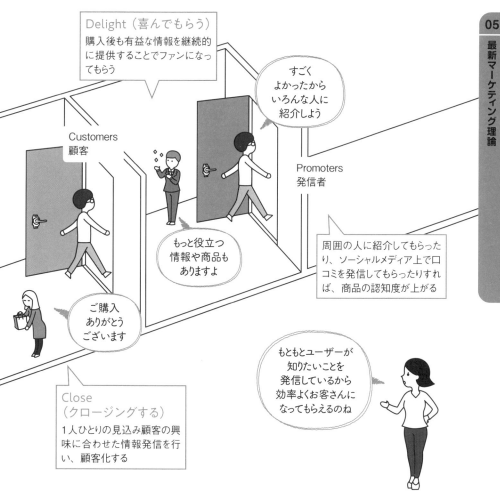

Delight（喜んでもらう）
購入後も有益な情報を継続的に提供することでファンになってもらう

すごくよかったからいろんな人に紹介しよう

Customers
顧客

Promoters
発信者

もっと役立つ情報や商品もありますよ

周囲の人に紹介してもらったり、ソーシャルメディア上で口コミを発信してもらったりすれば、商品の認知度が上がる

ご購入ありがとうございます

もともとユーザーが知りたいことを発信しているから効率よくお客さんになってもらえるのね

Close
（クロージングする）
1人ひとりの見込み顧客の興味に合わせた情報発信を行い、顧客化する

03 NEW データベースを活用して 売上アップ

近年は顧客の情報をデータベース化し、それぞれの顧客に合った マーケティングを行うことの重要性が求められています。

企業のデータベースには、顧客の名前や電話番号、住所といった情報や、過去の取引履歴が保管されています。それらを使って、それぞれの顧客に合わせたサービスを効率よく提供する戦略を**データベース・マーケティング**といいます。なかでもよく知られる **RFM分析は、既存顧客の購入額を増やすことを目標に、いかにプロモーションを効果的に行うかを検討するために考案された手法です。**

RFM分析とは？

RFM分析は、いかにプロモーションを効果的に行うかを検討するために考案された分析手法で、1960年代にアメリカのカタログ通販やDMのレスポンス向上のために広まったといわれています。

R（Recency）＝最新購買日
最近いつ購入したか

F（Frequency）＝購買頻度
どのくらいの頻度で購入しているか

M（Monetary）＝累積購買額
これまで総額でいくら購入しているか

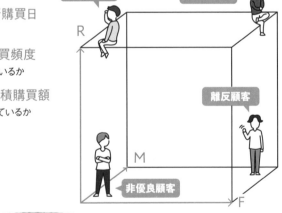

新規顧客 優良顧客 離反顧客 非優良顧客

FやMのランクが高くてもRが低いと
他社に流出している可能性が高い。
RやFのランクが高くてもMが低い
顧客は購買力が低いなど、
さまざまな傾向を読み取ることができるね

また、このデータベース・マーケティングを徹底したのが **One to One・マーケティング** です。個々の顧客のニーズ、過去の購買履歴などをもとに、**1人ひとりの顧客に「1対1の関係」であるかのように感じさせることで、既存顧客の愛着心を高めるマーケティング手法です**。Amazon が購買履歴やそれに基づいたおすすめ商品を表示するような、個別にカスタマイズしたWeb ページを表示しているのもその一例です。

マス・マーケティングと One to One・マーケティング

従来のマス・マーケティングがすべての消費者を対象に同じ方法で行われるのに対して、One to One・マーケティングでは顧客の購入履歴や行動履歴などを分析し、1人ひとりのニーズに合わせたマーケティングを行います。

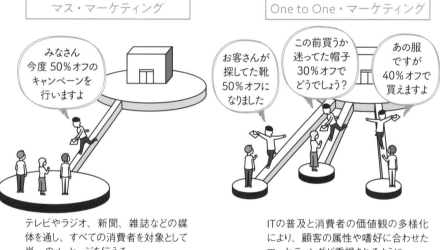

テレビやラジオ、新聞、雑誌などの媒体を通し、すべての消費者を対象として単一のメッセージを伝える。

ITの普及と消費者の価値観の多様化により、顧客の属性や嗜好に合わせたマーケティングが重視されるように。

04 顧客志向で
マーケティング活動を統括

NEW

顧客のことを考え、統一感のある戦略を取るマーケティング手法
が近年注目を集めています。

顧客志向のマーケティング手法として有名なのが、**ホリスティック・マーケティング**です。これはコトラーが、2002年に著書『コトラー 新・マーケティング原論』で提唱したもの。**顧客の要望をすべての起点にし、社内外の経営資源をうまく組み合わせて、全社的な視点でマーケティングを行います**。この手法では、4つのマーケティング要素を組み合わせることが重要です。

ホリスティック・マーケティングとは?

ホリスティック・マーケティングでは、
以下の4つのマーケティング要素を組
み合わせていくことが必要と、コトラー
は述べています。

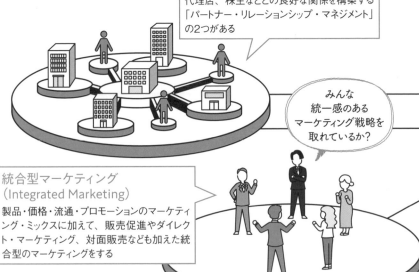

リレーションシップ・マーケティング
(Relationship Marketing)

社内外のステークホルダーとの関係を強める
マーケティングのこと。顧客との信頼関係を強
くする「CRM(P.90)」と、社員やサプライヤー、
代理店、株主などとの良好な関係を構築する
「パートナー・リレーションシップ・マネジメント」
の2つがある

みんな
統一感のある
マーケティング戦略を
取れているか?

統合型マーケティング
(Integrated Marketing)

製品・価格・流通・プロモーションのマーケティ
ング・ミックスに加えて、販売促進やダイレク
ト・マーケティング、対面販売なども加えた統
合型のマーケティングをする

その４つのマーケティング要素は、リレーションシップ・マーケティング、統合型マーケティング（P.76）、インターナル・マーケティング（P.136）、社会的責任マーケティングです。**これら４つを組み合わせることで、顧客シェア、顧客ロイヤルティ、顧客生涯価値を高め、利益と成長をともに追求することが目的です。**

インターナル・マーケティング
（Internal Marketing）
社内の人たちに向けたマーケティング。自社の役割を認識できるビジョンの提供や、経営幹部へのマーケティング教育など

ホリスティック・マーケティングには、顧客ロイヤルティを高めて、顧客生涯価値（LTV）を上げようという考え方が根底にあるんだ

社会的責任マーケティング
（Corporate Social Responsibility Marketing）
「いかに企業の社会的責任を果たすか」という観点から行うマーケティング活動を指す

だいぶ緑も増えてきた

売上の一部です。困っている人たちのためにお役立てください

復興支援に来ました

助かります

ありがとう

05 NEW

ゲームで顧客の
モチベーションを上げる？

ゲームの方法や考え方を取り入れたマーケティングもあり、
近年、幅広い分野で活用されています。

ゲームの要素を応用したマーケティング手法も存在します。ゲーミフィケーション
は、ゲーム特有の、人を楽しませて熱中させる方法や考え方をゲーム以外の分野で
応用し、ユーザーに動機づけすることで行動を変化させ、目的とする行動へと促す
手法です。近年、スマートフォンやソーシャルメディアの普及などにより、ゲーミフィケー
ションの実践が容易になってきました。

4つのゲーマータイプ

イギリスのゲーム研究者リチャード・バートルは、人は以下の4つのゲーマータイプに分類されると説
きました。この分類法である「バートルテスト」は、ゲーミフィケーションにも取り入れられています。

Achiever（達成者）

「達成」することに
満足感を覚えるタイ
プで、クエストをこ
なしたり、称号を集
めたりすることに喜
びを感じる

またもや
ランクアップ

Explorer（探検家）

「探検」することに
満足感を覚えるタイ
プ。新しい知識を
得たり、未知の領
域に足を踏み入れ
たりと、冒険的な
体験を好む

おっ
このステージ
はじめて

Socializer（社交家）

ほかのプレイヤーと
関わりを持つこと
に喜びを感じるタイ
プ。チャットや掲示
板でのやり取りに
満足感を覚える

今度
オフ会やる？

Killer（殺人者）

自分が優位である
ことを楽しむタイプ。
ランキングなどで他
人より強いことが可
視化されると満足感
を覚える

ザコどもが
がんばっても
ムダ！

たとえば、NIKE はアプリサービス「NIKE＋」で消費カロリーや歩数、移動距離などの記録が自動的にスマートフォン経由で記録できるだけでなく、Facebook と連携して、友人と競争したり、友人に励ましてもらったりすることで、継続的に NIKE の商品やサービスを利用させることに成功しています。**また、ゲーミフィケーションは近年、フィットネス業界や人材教育など幅広い分野で注目されています。**

ゲーミフィケーションを機能させる要素

アメリカのゲームデザイナー、ジェイン・マクゴニガルは、「楽観性」「生産性の体験」「ソーシャル構造」「ストーリー性」などを「ゲーミフィケーションを機能させる要素」として提言しています。

ソーシャル構造
人々がともに時間を過ごし、
信頼し合う

楽観性
意欲を維持し、
達成したいと感じさせる

ストーリー性
壮大な物語に参加することで
高い意欲を持つ

生産性の体験
自ら進んで取り組み、
そこに幸せを感じるようになる

ゲーミフィケーションは、
人々がゲームを楽しむときの
心理を理解することで、
顧客の興味・関心を読み解き、
長期的な信頼関係を
得ようとするものといえるね

06 NEW 在庫切れとはもう無縁？

近年、日進月歩で進むネットとリアルの融合。
この融合が在庫切れの事態を防ぐといわれています。

店舗での在庫切れをなくす画期的な方法があります。それは**エンドレスアイル**と呼ばれるサービスで、リアルの店舗で在庫切れしている商品を、店舗にあるタブレット端末を使って自社のネット通販サイトから注文することができます。**これはネットとリアルを融合させるオムニチャネルと呼ばれる戦略の一形態です。**

オムニチャネルとは？

消費者が商品を購入するときのチャネルは、リアル店舗と顧客のみの「シングルチャネル」から、リアル店舗やカタログ通販、ECサイトと顧客が個別につながる「マルチチャネル」、そしてリアル店舗や通販、ECサイトなどがすべて一括管理される「オムニチャネル」へと変化してきました。

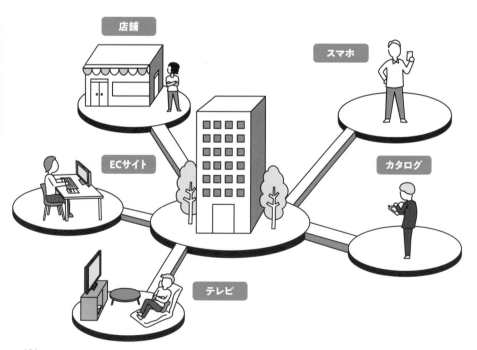

これまでリアルの店舗で品切れの場合は、予約して入荷されるまで待つか、ほかの店舗やネット通販サイトで探す必要があったため、リアルの店舗に大きな機会損失を生んでいました。ですが、エンドレスアイルが採用されれば、そんな心配もありません。**昨今では、リアル店舗を運営する小売りが、自社のネット通販での販売をリアル店舗と連動して促進する動きが広がりつつあります。**

エンドレスアイルとは？

エンドレスアイルとは英語で「終わりのない通路」という意味で、在庫切れで顧客を失わないための方法です。「エンドレスシェルフ（終わりなき商品棚）」と呼ぶこともあります。

従来

申し訳ございません
ただ今品切れ中でして

前に広告で見た
商品を買いに
来たんだけど

取り寄せますか？

エンドレスアイル

ただ今品切れ中ですが
こちらにある端末から
お買い求めいただけます

前に広告で見た
商品を買いに
来たんだけど

送料も無料です

エンドレスアイルは
顧客の印象が悪くなることを
緩和する効果も期待できる

07 NEW

ネットとリアル店舗は対立するものではない？

ネットとリアルのお店はライバル関係にあるという考えはもう古い？
補い合うことで、さらなる躍進のチャンスがあります。

商品をリアルの店舗で下見し、その店舗を出てからネットショップで購入する人が増えています。このような行動を**ショールーミング**といいます。一般的には、店舗とオンライン販売の部署では売上が別で計上される企業が多く、ライバル関係にある場合も少なくありません。しかし、**近年ではネットとリアルの店舗は対立するものではないと主張する企業もあります。**

ショールーミングとは？

いらっしゃいませ

バーコードを読み取ってAmazonで比較しよう

素材の質感や色はわかった

おっここが一番安いな

買おう

これじゃお店は潰れちゃうわね

だけど最近はリアルの店舗とネットショップの共存戦略も進んでいるんだよ

たとえば無印良品では、顧客との接点を持つために「MUJI passport」アプリを提供しています。これには無印良品の会員証として利用できる機能、店舗やネットストアの買い物でマイルを貯めることができる機能などがあります。こうすることで、**顧客との長期的な関係性を構築し、その結果として無印良品の店舗とネットストアに来店してもらうことを目的としています。**

MUJI passport のしくみ

モバイルアプリ「MUJI passport」をダウンロードすると、
店舗やネットストアの買い物で「MUJI マイル」が貯まるほか、さまざまなサービスを利用できます。

店舗にチェックイン

店舗で買い物

ネットストアで買い物

ご意見投稿　　MUJI Cardで買い物

顧客の
さまざまな行動で
マイルが貯まって
お得に買い物
できるんだよ

ロイヤルティ・
マーケティングはもとより、
これまで教えてもらった
いろいろなマーケティングに
役立ちそうね

08 クレジットカード会社によるマーケティング手法

現代の消費活動に欠かせないクレジットカード。
カード会社のマーケティングとはどんなものなのでしょうか?

クレジットカード会社による新しいマーケティング手法に、**CLO** があります。クレジットカード会員の購買履歴を分析し、その会員に合ったお店の特典(クーポン)を配信し、提供します。**会員は希望する特典を選んでオファーし、あとは実際にそのお店に行ってクレジットカードで支払えば、自動で割引クーポンやキャッシュバックといった特典が受けられるしくみです。**

CLOのしくみ

2008年ごろからアメリカで展開されはじめた CLO(Card Linked Offer)は、
クレジットカードの利用者の属性や決済履歴をもとに、クーポンや特典を表示するシステムです。

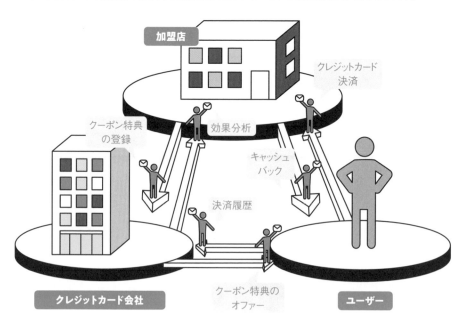

CLOは、会員、お店、クレジットカード会社の3者にメリットがあります。会員のメリットは、自分に合った特典だけを得られ、店舗で紙クーポンの提示やスマホアプリの起動などを行う必要がない点です。また、お店はターゲットの顧客だけに訴求することができ、新たな設備投資やオペレーション変更の必要がありません。そしてクレジットカード会社は、会員1人あたりの利用率を上げられます。

CLOのメリット

CLOのしくみは、ユーザー、クレジットカード会社、加盟店のそれぞれにメリットがあることから、近年、日本でも注目を浴びています。

クレジットカード会社がすること
店からの登録を受けたクレジットカード会社は、対象となる顧客のPCやスマホの利用明細画面などに特典を提示する

加盟店がすること
クレジットカード会社が提示するサイトの登録画面に特典を配信したい対象者の条件と、希望する特典の内容を登録する

加盟店のメリット
購入する確率が高いターゲットに訴求でき、手数料を支払うのみで、新たな設備投資などは不要

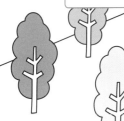

クレジットカード会社のメリット
会員1人あたりの利用率が上がるほか、加盟店からの手数料という形で収益を得られる

ユーザーがすること
ユーザーは自分宛てに示された特典のなかから利用したい特典を選んで利用宣言をする

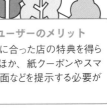

ユーザーのメリット
自分に合った店の特典を得られるほか、紙クーポンやスマホ画面などを提示する必要がない

09 Apple、Facebookほか 名立たる企業が採用

世界のトップ企業であるApple社は、顧客満足度に着目したマーケティング手法を取っています。

Apple社が採用している経営手法があります。それは、戦略コンサルティング会社、ベイン・アンド・カンパニーが提唱している「顧客満足度」にフォーカスした経営手法、**ネット・プロモーター経営**です。**この戦略の最大の特徴は、「顧客満足度」を測るために「NPS（ネット・プロモーター・スコア＝推奨者の正味比率）」という指標を用いることです。**

NPSの算出方法

「あなたはその商品を友人や同僚にすすめたいですか？」という問いに
以下のルールで回答してもらい、分析します。
①調査対象者に推奨する可能性を0〜10の11段階から選択してもらう
②10と9を「推奨者」、8と7を「中立者」、6〜0を「批判者」と設定する
③推奨者の割合（％）から、批判者の割合（％）を引くと、NPSが算出される

NPS とは、商品やサービス、ブランド、企業などに対して、顧客がどのくらい愛着を抱いているかを測るための指標です。「あなたはそれを友人や同僚にすすめたいですか?」という問いに対する答えを 0 ～ 10 の 11 段階で調査します。10 ～ 9 は「プロモーター(推奨者)」、8 ～ 7 は「ニュートラル(中立者)」、6 以下は「デトラクター(批判者)」となります。そしてプロモーターが占める比率からデトラクターを差し引いた数値が NPS です。

わざと「炎上」させて注目を浴びる？

　ブログや SNS などのソーシャルメディアで注目を浴びる手段として、あえて「炎上」を利用する、「炎上マーケティング」という手法があります。この炎上マーケティングの成功例としては、ルーマニアの国旗が印刷された国民的なチョコレート菓子の「ROM」が有名です。

　同社は売上低迷を打開するため、自社のWebサイトでパッケージに印刷された国旗をアメリカの国旗（星条旗）に変更したと告知し、国民の反感を買うことで「炎上」を意図的に起こしました。その後、パッケージをもとに戻して「国民の愛国心によってもとのパッケージに戻った」と伝えた結果、売上は増加。このマーケティング企画は、カンヌ国際広告祭でグランプリを獲得しました。

　ただし、炎上マーケティングの成功例は少なく、ブランドのリスクは大きいものといえるでしょう。近年は匿名でも本人特定ができるようになっており、名誉毀損などで多額の賠償金を請求される事案も増えています。

chapter.06

サービス・マーケティングと
ダイレクト・マーケティング

マーケティングには、
商品やサービスに価値を付随させる戦略と
顧客に直接働きかける戦略があります。
それぞれの特徴とメリット・デメリットを学びましょう。

01 サービスには 4つの特性がある

サービス業の世界では、
メーカーとは異なるマーケティングが行われています。

接客業や飲食業など、消費者にサービスを提供する業界においては、モノのマーケティングとは異なるアプローチが必要になります。その手法が**サービス・マーケティング**です。これはサービス業（あるいは商品とセットになったサービス）に関わる企業に有効なもので、サービスの4つの基本的な特性をもとに考案されました。

サービスの4つの基本的な特性

サービス・マーケティングとは、サービス業や商品とセットになったサービスに関するマーケティングのことで、以下の4つの基本的な特性があります。

最近できたこの病院
不吉な名前だけど
医者の名字なのかな……

Yabu Clinic

①無形性
サービスは形がなく、購入前に見ることもできない。たとえば病院の場合、どんな医者がどのような診断や治療をしてくれるのかはわからない。その不安をなくすために、買い手はサービスの品質の証明を求めようとする

ここの美容師さん
腕はいいんだけど
予約取るのが
大変なのよね……

hair salon GOD

②同時性・不可分性
生産と消費が同時に発生する（生産と消費が分けられない）ので、サービスの提供能力に限りがある。そのため、人気のサービス提供者には「複数に同時に提供」「短時間で同じサービスができるための効率化」などが求められる

その4つの特性が①無形性（形がないので、サービス提供前の品質証明が必要）、②同時性・不可分性（生産と消費が同時発生し、サービス提供能力に限度があるので、複数化や効率化などを要する）、③異質性（顧客ごとに要望が異なるので、満足度がばらつかないよう工夫が必要）、④消滅性（サービスは蓄えておけない）です。**これらを考慮して行うのがサービス・マーケティングです。**

③異質性
痛みの箇所や症状によってマッサージのやり方が変わるように、サービスは顧客ごとに要望や内容が異なる。また、提供者によって品質が変わる場合も。人によって満足度が下がらない工夫が必要となる

ここの整体、凝りがほぐれるって評判だけど美容効果はあるのかしら

市場に提供されているものは、基本的に「有形要素」と「無形要素」の組み合わせから成り立っていて、無形要素の強いものには異なるマーケティングが必要なの

たとえばカフェなら、店舗やドリンクなどの有形要素と、調理や接客などの無形要素があるということね

空いてるうえに安くなるから14時以降に来たほうがお得なんだよな

④消滅性
美容師が事前に髪の毛を切っておけないように、サービスは蓄えておくことができない。需要の集中する時間としない時間がどうしても出てくるので、オフピーク時の価格を下げたり、サービスを開発したりといった対応が必要

02 サービス業の世界では 4Pではなく7Pが基本？

サービス業の世界では、マーケティングの4Pにさらに
3つの「P」を加えた、「7P」が基本とされています。

マーケティングの4Pは、製品（Product）、価格（Price）、流通（Place）、プロモーション（Promotion）であるとP.34で解説しました。**モノとは異なるサービス・マーケティングの基本は、そこに3つ加わって7Pが基本となります**。この考え方は、1981年に経営学者バーナード・ブームスとマーケティング学者のマリー・ビトナーによって提唱されました。

サービス・マーケティングの 7P とは？

モノとは異なるサービス・マーケティングのアプローチをするために、基本となるのが「サービス・マーケティングの7P」です。

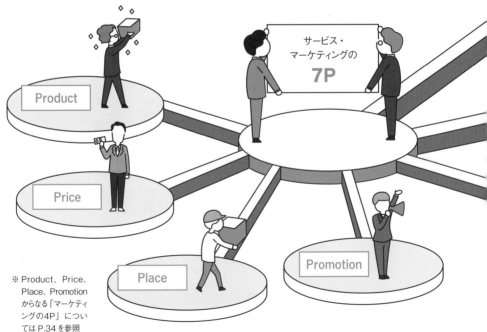

サービス・
マーケティングの
7P

Product

Price

Place

Promotion

※ Product、Price、
Place、Promotion
からなる「マーケティ
ングの4P」につい
てはP.34を参照

新たに加わる3つのPは、次の通りです。①参加者（Participants／顧客だけでなく、サービス提供スタッフも含む。「参加者」ではなく「人（People）」とする場合あり）、②物理的な環境（Physical Evidence／使っている素材や色、照明、温度など）、③サービスを組み立てるプロセス（Process of Service Assembly／方針や手順、生産・納品管理、教育、報奨制度など）。**7つすべて覚えておきましょう。**

お待ち申し上げておりました

予約していたホテル宿泊同好会の4人です。あと12人はのちほど到着します

参加者
(Participants)

顧客だけでなく、サービスを提供するスタッフも含まれる。参加者ではなく、人（People）とする場合も。たとえばホテルなら、宿泊客や従業員であるフロントクラーク、ドアスタッフ、コンシェルジュなどが挙げられる

すごいイスだな。これに座りたくてまた来てしまいそうだ

使っている素材や色、照明、温度など。たとえばホテルなら、壁や床の素材、調度品の数々、照明の使い方、室温の設定などが考えられる

物理的な環境
(Physical Evidence)

よろしくお願いいたします

本日より5日間の研修を行います

サービスの方針や手順、生産・納品管理、教育、報奨制度など。たとえばホテルなら、予約システムや宿泊中の顧客対応、従業員の教育・研修などがある

サービスを組み立てるプロセス
(Process of Service Assembly)

03 サービスの質を測る 5つの項目

サービスは形として残るものではありません。よって、
その質を測るための独自の方法が考え出されました。

サービスは無形であるため、モノのように目で見て品質を評価することができません。そこで、サービスの質を測るために生まれた手法が**サーブクオル・モデル**です。1988年にマーケティング学者のA・パラスラマンやL・ベリーらが生み出したこの手法は、サービスの質について**「顧客の期待と実際のサービスのギャップが品質を決める」と定義します**。なお、このモデルは業種・分野別に開発されています。

サービスの質の5つの測定項目

サーブクオル・モデルは、サービスの質を向上させるために生み出された品質評価手法です。

サーブクオル・モデルは
業種や分野ごとに開発されており、
レストラン向けの「DINESERV」、
宿泊施設向けの「LODGSERV」、
インターネットサービス向けの
「E-SERVQUAL」などがあるわ

「SERVQUAL」は
サービス（Service）と
品質（Quality）を
組み合わせた造語

⑤共感性
顧客とのコミュニケーションが良好か、関心や配慮が行き届いているか

④確実性
顧客の利益を優先した誠実な対応をしているか、サービス提供に必要な専門技能や知識を備えているか

信州の
有機野菜
です

今日の食材は
どこから
仕入れたの?

オーダー
お願いします

お箸も置いて
あってよかった。
ナイフとフォーク
だと食べた気が
しないんじゃ

品質測定はその定義に基づき、5つの項目に沿って行われます。その5つとは、①有形性（物理的なサービスの質は十分か）、②信頼性（確実に遂行しているか）、③応答性（速やかに提供しているか）、④確実性（誠実に対応しているか、提供者が技能や知識を備えているか）、⑤共感性（顧客とのコミュニケーションは良好か）です。

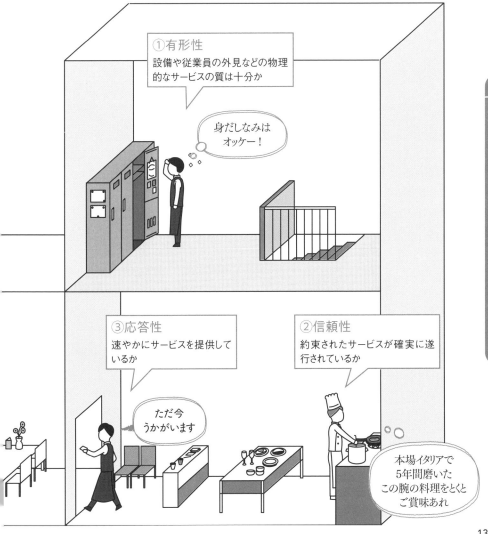

①有形性
設備や従業員の外見などの物理的なサービスの質は十分か

身だしなみはオッケー！

③応答性
速やかにサービスを提供しているか

②信頼性
約束されたサービスが確実に遂行されているか

ただ今うかがいます

本場イタリアで5年間磨いたこの腕の料理をとくとご賞味あれ

04 サービスには人材育成が欠かせない

サービスは顧客に対して人が提供するものなので、
スタッフの育成や"やる気"が重要になってくるのです。

理想的なサービスのあり方や、その評価方法を理解したら、それを実現できる従業員を育成する必要があります。そこで、経営者から社員まで、社内全体でマーケティングの意識を高めるために内部向けに行うのが**インターナル・マーケティング**です。サービスは人が提供するものなので、企業内での人材の育成や啓蒙、動機づけが欠かせません。

3つがそろってはじめてうまくいく

サービス・マーケティングでは、「インターナル・マーケティング」「エクスターナル・マーケティング」「インタラクティブ・マーケティング」の3つが連動することで、顧客・スタッフ・企業の3者に利益がもたらされると考えられています。

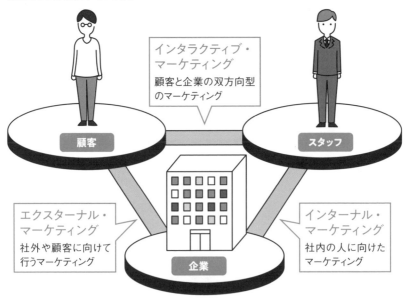

インタラクティブ・
マーケティング
顧客と企業の双方向型
のマーケティング

顧客

スタッフ

エクスターナル・
マーケティング
社外や顧客に向けて
行うマーケティング

インターナル・
マーケティング
社内の人に向けた
マーケティング

企業

インターナル・マーケティングは、次の 7 つの方法によって行います。①意欲的で優秀な人材を採用、②従業員にサービスの目的と意味をもたらすビジョンを提供、③従業員への訓練を実施、④チームプレーを強調、⑤従業員に裁量を与える、⑥適切な報酬を与える、⑦調査に基づく職務設計を行う。素晴らしいサービスには従業員が肝心。**マーケティングの対象は消費者だけではないのです。**

インターナル・マーケティングの 7 つの方法

05 従業員の満足が顧客の満足を生む

従業員の満足が顧客の満足を生み、最終的に企業の業績も上がる。これはサービス業に限ったことではありません。

サービス業において、従業員満足(ES)と顧客満足(CS)には因果関係があることがわかっています。**従業員の満足度が高い企業ほど、顧客の満足度も高くなるのです。**このようなフレームワークを**サービス・プロフィット・チェーン**といいます。これはジェイムズ・ヘスケットらが提唱したもので、次のような7つのサイクルをたどります。

サービス・プロフィット・チェーンとは?

サービス・プロフィット・チェーンとは、ESを高めることでCSも企業業績も上がるという因果関係です。

うちの社食はいつも安くてうまいなぁ

給料アップ！がんばった甲斐があった……

企業の業績が上がれば、その利益を従業員に還元でき、社内サービスの質がさらに向上！

①社内サービスの向上
給料や福利厚生といった社内サービスの質が高まれば、従業員満足度が高まる

業績はますますアップ。社員たちのおかげだ

今度は妻も連れて行こう

⑦売上・利益の拡大
顧客ロイヤルティが高まれば、リピート率が高まり、口コミで評判が広がり、企業の業績が向上する

⑥顧客ロイヤルティの向上
顧客満足度が高まれば、その企業に対する顧客の愛着が深まる

①給料や福利厚生が充実して従業員満足度が高まる、②企業に対する従業員の愛着が深まる、③従業員の生産性が高まる、④サービスの質が高まる、⑤顧客満足度が高まる、⑥顧客ロイヤルティが高まる、⑦リピート率が高まり、口コミで評判が広まり、企業の業績が向上する。——**業績向上による利益を従業員に還元できるので①に戻り、グレードアップしながらサイクルが続きます。**

お客さんの
ためにしっかり
掃除しなきゃ

いいアイデアが
思い浮かんだぞ

②従業員ロイヤルティ向上
従業員満足度が高まれば、企業に
対する従業員の愛着が深まる

③生産性の向上
従業員ロイヤルティが高まれ
ば、従業員の生産性が高まる

昼飯うまかった
午後もがんばろう

うむ
気が利くね

よし、
この会社に
尽くそう

④高品質な顧客サービス
従業員の生産性が高まれば、サー
ビスの質が高まる

お客様
こちらでいかが
でしょうか？

来て
よかったよ

ありがとう
ございます

⑤顧客満足度の向上
サービスの質が高まれば、
顧客満足度が高まる

企業の業績を上げるためには、
まずは ES を高めないと
いけないのね。
ブラック企業に未来はない！

139

06 企業が提供するものは すべてサービス？

企業が提供するものはすべてサービスである。サービス・ドミナント・ロジックは、顧客についてのとらえ方を変えるロジックです。

これまでのマーケティング理論を揺さぶるような概念も提唱されています。それが**サービス・ドミナント・ロジック**です。これはハワイ大学のスティーブン・L・バーゴ教授らが提唱した割と新しいマーケティング概念で、サービスとモノを別物でなく一体ととらえ、顧客への価値提供として考えるもの。**企業が提供するモノはすべて「サービス」「コト」ととらえる見方**といえます。

サービス・ドミナント・ロジックとは？

従来のマーケティングが、サービスとモノを分離して考えていたのに対し、
サービス・ドミナント・ロジックは、サービスとモノを一体として考えます。

●従来の考え方

顧客はお金を支払うことでモノ（有形の商品）を得て、それにより企業と顧客の間で価値交換が行われると考えられてきた（＝グッズ・ドミナント・ロジック）

●サービス・ドミナント・ロジック

サービスとモノを一体として考える。また、顧客を「購入する人」ではなく「利用する人」ととらえ、ともに価値を生み出す「価値の生産者」と考える

このロジックに従って、顧客を購入者ではなく利用者ととらえて、提供するモノの「使用価値」を重視すれば、ビジネス展開も変わってきます。たとえば登山用品を売るなら、登山用の装備を売るだけでなく、悪天候や遭難の危険を避けるためのアプリを併せて提供する、また、**顧客を単なる消費者でなく、ともに価値を生む生産者ととらえて顧客からアイデアを募るといった戦略も考えられます。**

サービス・ドミナント・ロジックの活用例

サービス・ドミナント・ロジックに基づいてビジネスを考えると、展開の方法が変わってきます。

●ランニングシューズの例

この先のランニングステーションで履き替えよう

靴と一緒に提供されたアプリ、便利だな……

単にシューズを売るだけでなく……

たとえば、ランニングシューズなら、単にシューズを売るだけでなく、履き替えに使えるランニングステーションを提供、あるいは走行距離などを記録するアプリを提供する

● Amazon「Kindle」の例

読みたい作品がこんなにある！

ダウンロードも簡単だし

端末で儲けるのではなく……

Amazon の「Kindle」は、端末を売って利益を出しているわけではなく、電子書籍が簡単にダウンロードできるというサービスによって利益を得ている

07 ダイレクト・マーケティングって何？

近年、インターネットの普及と拡大により、
ダイレクト・マーケティングがさらに注目を集めています。

ダイレクト・マーケティングとは、商品やサービスの提供者が広告媒体を通じて顧客に直接プロモーションを行い、その反応を得る手法です。無店舗販売とも呼ばれ、その起源はアメリカでの種苗のカタログ販売だといわれています。 **具体的なアプローチ法には、通信販売、折り込み広告、電話勧誘、訪問販売、ネットショッピングなどがあります。**

主なダイレクト・マーケティング

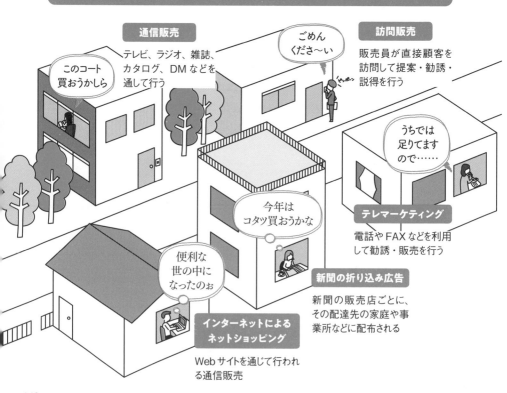

通信販売
テレビ、ラジオ、雑誌、カタログ、DM などを通して行う

このコート買おうかしら

ごめんくださ～い

訪問販売
販売員が直接顧客を訪問して提案・勧誘・説得を行う

うちでは足りてますので……

テレマーケティング
電話や FAX などを利用して勧誘・販売を行う

今年はコタツ買おうかな

便利な世の中になったのぉ

新聞の折り込み広告
新聞の販売店ごとに、その配達先の家庭や事業所などに配布される

インターネットによるネットショッピング
Web サイトを通じて行われる通信販売

ダイレクト・マーケティングでは、顧客を特徴やニーズに応じてグループ分けして、それぞれに効果的なメッセージを提供することで、よりよいレスポンスを得られます。そのうえで、グループごとに適切な媒体やオファー、クリエイティブを検討していくのです。インターネットの世界では、メルマガ会員化やSNSコミュニティ会員化によるデータベース構築・活用という形で普及しています。

ダイレクト・マーケティングの4つの要素

ボブ・ストーンとロン・ジェイコブスによるマーケティングの教科書『ザ・マーケティング』では、ダイレクト・マーケティングの要素として「名簿」「タイミング」「クリエイティブ」「オファー」の4つを挙げています。

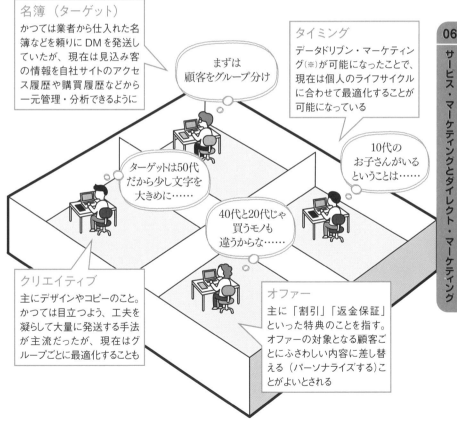

名簿（ターゲット）
かつては業者から仕入れた名簿などを頼りにDMを発送していたが、現在は見込み客の情報を自社サイトのアクセス履歴や購買履歴などから一元管理・分析できるように

まずは顧客をグループ分け

タイミング
データドリブン・マーケティング（※）が可能になったことで、現在は個人のライフサイクルに合わせて最適化することが可能になっている

ターゲットは50代だから少し文字を大きめに……

10代のお子さんがいるということは……

40代と20代じゃ買うモノも違うからな……

クリエイティブ
主にデザインやコピーのこと。かつては目立つよう、工夫を凝らして大量に発送する手法が主流だったが、現在はグループごとに最適化することも

オファー
主に「割引」「返金保証」といった特典のことを指す。オファーの対象となる顧客ごとにふさわしい内容に差し替える（パーソナライズする）ことがよいとされる

※データドリブン・マーケティング…データの活用に重点を置いたマーケティング手法

08

あおりと共感で
ユーザーの心を動かす

商品販売用のセールスレターにもフレームワークがあります。
それが PASONA の法則です。

ダイレクト・マーケティングでは、ユーザーの「あおり」と「共感」にアプローチすることが有効です。そこで提唱されたのが **PASONA の法則**（※）。**ユーザーの悩みや課題に焦点を当て、それを解決していくシナリオに沿って商品やサービスを勧めていきます**。この法則を用いて文章を構成すると、次のような流れになります。まずは①悩み、不安、不平、不満を示して問題提起をする（Problem）。

PASONA の法則の例

※ PASONAの法則とは、経営コンサルタントの神田昌典氏が提唱した、商品販売用のページやセールスレターなどで効果を発揮するフレームワークです。健康食品などの通販広告でも多用されています。

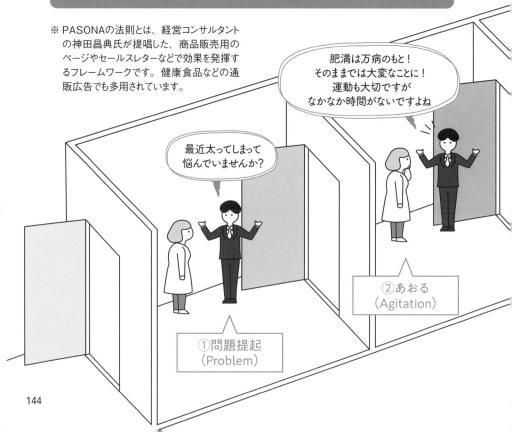

最近太ってしまって悩んでいませんか？

肥満は万病のもと！そのままでは大変なことに！運動も大切ですがなかなか時間がないですよね

②あおる（Agitation）

①問題提起（Problem）

続いて②そのままでは大変だとあおる（Agitation）、③問題解決策として商品とその機能などを紹介する（Solution）、④割引や特典で購買や行動を促す（Narrow Down, Action）。ただし**無理強いせず、ユーザーに寄り添いながら購買へと導くことが重要です**。昨今は、② Agitation を Affinity（共感）に変更し、③ Solution に Offer（提案）を加えた**新 PASONA の法則**が提唱されています。

09 いかにコンバージョン率を高めるか

ECサイトを運営するうえで、もっとも重要とされる
コンバージョン率を上げるための工夫とは?

インターネット広告でカギとなる、ランディングページ(※)のコンバージョン率(※)。これを高めるためには、クリックした人の動機や目的に沿ったページ内容が表示される必要があります。そこで重要なのがページの最適化＝**LPO**です。ランディングページは**企業のトップページではなく、商品購入ページに設定し、ユーザーの途中離脱の可能性を減らすことが有効です。**

LPOとは?

LPOでは、いかにコンバージョン率を高めるかの工夫やコピーが重要。主な構成は以下の通りです。

①顧客の悩みや問題点について共感を呼ぶキャッチコピー

②商品など購入してもらいたいモノの画像や説明

③その商品により、どんな変化やメリットがあるのか

④信頼を得るための、お客様の声やデータ、著名人の推薦、メディアでの紹介実績など

⑤ほかの競合商品との違い、独自性、特典

⑥商品購入のためのボタンや電話番号

特に大切なことは③と、継続的な顧客になってもらうための信頼の醸成よ

※ランディングページ…広告や検索結果をクリックした人が最初に見るページのこと
※コンバージョン率…Webサイトを訪れたユーザーのうち、どのくらいの人がサイト側が最終的な成果としている行動(商品の購入、サービスの契約など)に至ったかの割合

146

10 コピーライティングの コツとは？

マーケティングにおいてコピーライティングは極めて重要。しかし、大学やビジネススクールで教えてくれることはほとんどありません。

コピーライティングとは商品やサービスを顧客に伝えるための技術で、マーケティングにおいてはとても重要な役割を担います。採用する際には、**まず誰をターゲットにし、自社の商品をどうポジショニング（差別化）するかを決めましょう**。また、コピーを考えるうえでは PREP 法も有効です。平易な文章で、顧客が商品をイメージしやすい表現を心掛けます。

06

サービス・マーケティングとダイレクト・マーケティング

PREP法とは？

PREP法は、もともとは論理的に話すための手法です。
思いついたアイデアを次の順で文章にすることで、アイデアが具体化されます。

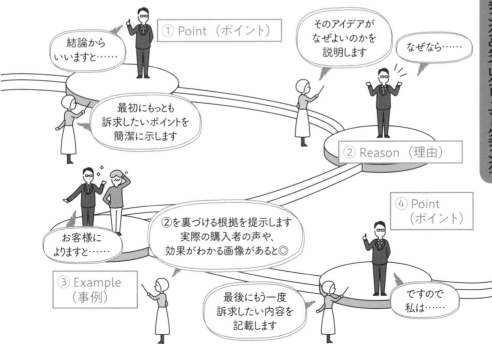

① Point（ポイント）

結論からいいますと……

最初にもっとも訴求したいポイントを簡潔に示します

そのアイデアがなぜよいのかを説明します

なぜなら……

② Reason（理由）

④ Point（ポイント）

お客様によりますと……

②を裏づける根拠を提示します 実際の購入者の声や、効果がわかる画像があると◎

③ Example（事例）

最後にもう一度訴求したい内容を記載します

ですので私は……

147

ソーシャルメディア・プラットフォーム戦略とは？

　ここ数年、ソーシャルメディアを自社のマーケティングに活用しようという動きが顕著になっています。検索エンジンの活用以上に、友だちによる推薦は購買行動に大きな影響を及ぼすと考えられているためです。しかし、多くの企業から、自社の Facebook ページへの「いいね！」が増えても売上は上がっていないという意見が聞かれます。

　では、ソーシャルメディアでは企業の売上を上げることはできないのでしょうか。前ハーバード・ビジネス・スクール准教授のピスコロスキは、「企業がソーシャルメディア上で人々の友だちとの交流を助ける、あるいは新しい友だちとの出会いを促進することで、人々に企業の行っていた販売促進運動を担ってもらえる」という「ソーシャルメディア・プラットフォーム戦略」を提唱しました（『ハーバード流ソーシャルメディア・プラットフォーム戦略』朝日新聞出版）。

　つまり、多くの企業が失敗しているのは「友だち同士の関係」に割り込み、押し売りしようとしているからなのです。企業はまず、ユーザーのニーズを叶える努力をすることで、はじめてユーザーの共感を得られます。

chapter.07

デジタルマーケティング
の最新手法

現代のマーケティングは Web メディアなくして
成り立たないといっても過言ではありません。
デジタル戦略で成果を上げるための
手法を解説します。

01 デジタルマーケティングとは何か？

デジタルマーケティングとはどういったものなのか。
まずは基本的なことから知っていきましょう。

デジタルマーケティングとは、デジタル技術を使って行うマーケティング全般を指します。流れとしては、**インターネットが家庭に浸透しはじめた2000年ごろに、ECサイトでの商品の販売やWeb広告による集客といったWebマーケティングが行われるようになります。**その後、SNSが登場したことで、それを活用した**SNSマーケティング**が広がりを見せるようになりました。

デジタルマーケティングの経緯

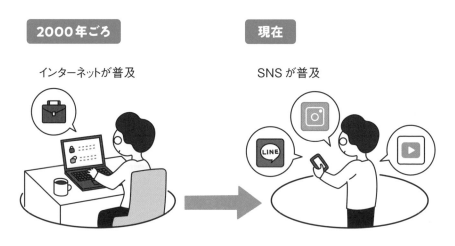

2000年ごろ
インターネットが普及

現在
SNS が普及

Webマーケティングが主流

SNSマーケティングが広がる

これら WebマーケティングやSNSマーケティングは、デジタルマーケティングの一部です。加えて、実店舗やコールセンター、ブログなどに寄せられた顧客の意見・情報を集めてデジタルに管理することも、デジタルマーケティングといえます。**あらゆるデジタルメディアを活用して得られた情報をもとに、自社の活動をどんどん広げていくのです。**

デジタルを活用して自社の活動を広げる

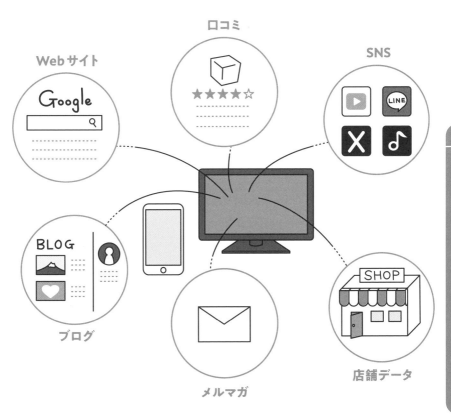

口コミ

Webサイト

SNS

ブログ

メルマガ

店舗データ

デジタルマーケティングとは、あらゆるデジタル技術を活用して行うマーケティングのこと。
オンライン上で情報を収集・管理・配信します。

02 デジタル化して 何が変わった？

従来のマーケティングと、現在主流となっている
デジタルマーケティングの違いについて解説します。

従来のマーケティングでは、商品やサービスをとにかく多くの人に知ってもらうことを第一の目標にしていました。 言い換えると「広くて浅い」宣伝活動が主流だったのです。当時よく行われていたパターンには、新聞の紙面やチラシ、売り出したい商品やサービスの消費者層と読者層が重なる雑誌などに広告を打ち出し、読者全般に情報を届ける手法が挙げられます。

従来のマーケティング

以前は店舗での接客や広告、人からの紹介・口コミが
マーケティングのメインでした。

一方、現在の**デジタルマーケティング**は、インターネットや SNS の普及によって、より的を絞った宣伝が可能となっています。**サイトの閲覧・検索履歴をもとに、消費者の関心に沿った商品やサービスの広告を打ち出すようになったのです。**たとえば、コスメについて多く検索していれば、サイトのバナーや動画の合間にある CM でコスメの広告が出るようになります。

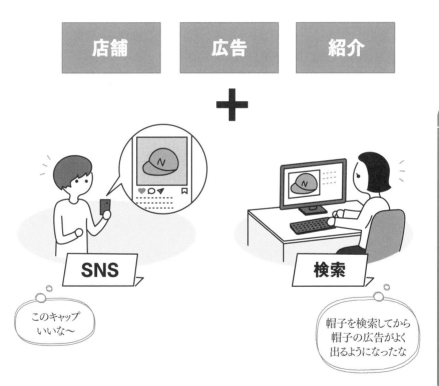

現在のマーケティング

店舗　広告　紹介

＋

SNS
このキャップ
いいな〜

検索
帽子を検索してから
帽子の広告がよく
出るようになったな

現在は、「SNS」と「検索」というデジタル要素が加わり、
マーケティングの根幹をなしています。

KEY WORD ▶▶▶ ☑ 検索性、双方向性、即時性

03 デジタルマーケティング 3つの特徴

デジタルマーケティングには、
特徴となる3つのメリットがあります。

インターネットが日常生活に定着し、マーケティングのあり方も大きく変化しました。現在のデジタルマーケティングの特徴として挙げられるのが、「**検索性**」「**双方向性**」「**即時性**」の3つです。まず「検索性」については、これまでは情報を比較したり、自由に選択したりすることが難しかったのですが、**現在は簡単に検索して類似商品を比較して選べるようになりました**。

デジタルマーケティングの特徴

①検索性

どっちがいいかな……
ネットでもっと
調べてから決めよう

A社　B社

簡単に情報が手に入り、商品を比較・
検討しやすくなりました。

次に「双方向性」についてです。SNSの普及によって、商品の口コミを投稿したり、企業への要望を伝えやすくなりました。**企業からの一方的な情報提供ではなく、消費者からの声も企業に届くようになったのです**。最後に「即時性」について。現在主流のWeb広告は、印刷広告と違って**すぐに最新の情報に書き換えることが可能です**。また、商品の注文から発送、到着まで、逐一状況を把握できます。

②双方向性

企業が一方的に情報提供を行うのではなく、顧客の意見が企業に届いて、商品やサービスに柔軟に取り入れられるようになりました。

③即時性

最新の情報がどんどん更新され、企業とのやり取りも迅速に進めることができ、状況把握が容易です。

04

特定の消費者に
アプローチする

デジタルマーケティングにおいて、
ターゲットの設定と顧客に寄り添った提案が肝心となります。

商品やサービスを売り出したとして、それが消費者のニーズに合っていなければ、なかなか興味を持ってもらえません。**ここで重要なのは、どんな消費者層に向けて商品やサービスを売り出すか、細かく設定すること**。これを**ターゲティング**といい、特定の消費者層へアプローチすることで、効率よく、独自の地位を確立することができます。

ターゲットを絞る

どの市場に狙いを定め、マーケティングを行うか。ターゲティングで的を絞って、特定の消費者層へアプローチすることが肝心です。

加えて、**パーソナライゼーション**も購買意欲の促進に非常に有効です。これは**顧客1人ひとりの嗜好に合わせて、商品やサービス、情報を提供することです**。たとえば、これまでの購入履歴から、その人の関心のあるものやジャンルを分析し、おすすめの商品を紹介します。その顧客だけの、最適な情報が選別され、提供されるのです。

顧客のニーズをくみ取る

パーソナライゼーションでは、購入履歴や検索履歴をもとに顧客のニーズをくみ取り、そのニーズや好みの傾向に合った商品、サービス、情報を提供します。

05 消費者の行動を分析して 顧客とつながる機会をつかむ

企業は顧客とのタッチポイントをうまく活用して、
購買意欲をかき立てることが重要です。

消費者は、CMやSNS、展示会などで企業の商品やサービスを知ることがあるように、企業と直接または間接的に接しています。このような、**商品やサービスを提供する企業と顧客がつながる機会**を**タッチポイント**といいます。これにはさまざまな種類があり、商品やサービスを認知する広告やチラシ、店頭販売、また購入後のカスタマーサポートやアフターサービスなどが挙げられます。

さまざまなタッチポイント

CM

店頭での接客

SNS

チラシ

カスタマーサポート

企業側と顧客が接する機会であるタッチポイントは、日常生活のなかにさまざまな形で存在します。

さまざまなタッチポイントを経ながら、**消費者が商品やサービスについて知り、検討し、購入・リピートに至るまでの過程**を**カスタマージャーニー**といいます。企業は、消費者に商品やサービスを購入・リピートしてもらえるよう、タッチポイントごとにニーズに見合った対応を取ることが求められます。消費者の求めるものを理解し、接することのできる貴重な機会を逃さないことが重要です。

消費者と接する機会をチャンスに変える

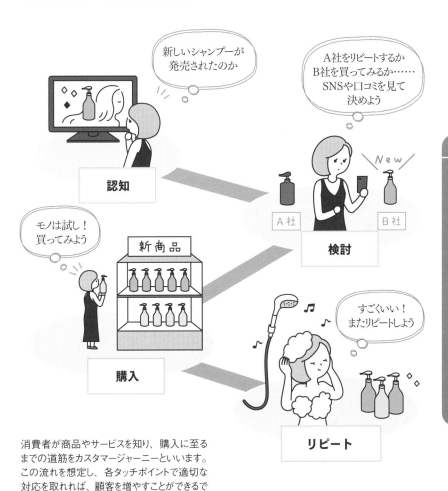

新しいシャンプーが発売されたのか

A社をリピートするかB社を買ってみるか……SNSや口コミを見て決めよう

モノは試し！買ってみよう

New

認知

A社　B社

検討

新商品

すごくいい！またリピートしよう

購入

リピート

消費者が商品やサービスを知り、購入に至るまでの道筋をカスタマージャーニーといいます。この流れを想定し、各タッチポイントで適切な対応を取れれば、顧客を増やすことができるでしょう。

07

デジタルマーケティングの最新手法

06 自社サイトに アクセスしてもらうには？

サイトの作成には、
踏まえておくべき4つのポイントがあります。

自社のWebサイトをつくるなら、できるだけ消費者の目に留まりやすくしたいと考える人は多いでしょう。ここで使えるのが**SEO**(Search Engine Optimization)です。これは、**Googleのような検索エンジンの検索結果の上位に、自社のWebサイトを表示させるための戦略です**。SEOを行う際には、主要な4つのポイントがあります。

見つかりやすいサイトをつくる4つのポイント

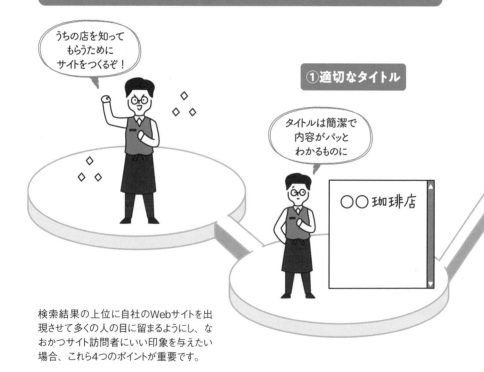

うちの店を知ってもらうためにサイトをつくるぞ！

①適切なタイトル

タイトルは簡潔で内容がパッとわかるものに

○○珈琲店

検索結果の上位に自社のWebサイトを出現させて多くの人の目に留まるようにし、なおかつサイト訪問者にいい印象を与えたい場合、これら4つのポイントが重要です。

1つ目は適切なタイトルにすること。簡潔で、内容と相違のないものにしましょう。2つ目はわかりやすいレイアウトにすること。ユーザー目線で、わかりやすさは必要不可欠です。3つ目はメタタグの設定。メタタグとは検索エンジン側にWebサイトの情報を伝えるコードのことで、検索結果の上位表示に効果的です。4つ目は**良質なコンテンツを提供すること**。これがもっとも重要な点でもあります。

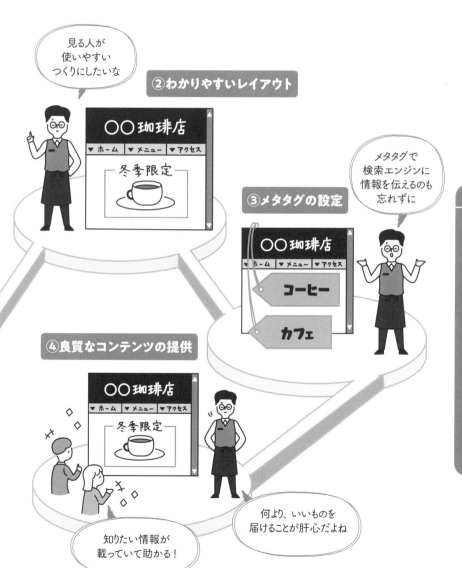

07

ポータルサイトの利用が効果的

消費者にとって便利なポータルサイトは
企業にとってもかなり使い勝手のよいものです。

インターネットに接続してWebページを閲覧する際、その入り口となるWebサイトを**ポータルサイト**といいます。GoogleやYahoo!、Amebaなどがこれにあたり、**検索エンジンやニュース、天気予報といったさまざまなコンテンツを含んでいるのが特徴**です。便利な機能のためユーザーも多く、このサイトに自社の情報を載せてもらうという戦略を取れば、かなり有効でしょう。

便利なポータルサイト

Webページを閲覧する際の入り口となるポータルサイト。便利でユーザーも多く、自社の情報を掲載すれば認知してもらえる可能性が高まる一方、独自の強みがなければ同じ戦略を取る他社の情報に埋もれてしまいます。

しかし、ほかの企業もこの戦略を取っている場合が多く、何か強みがなければ埋もれてしまいます。そこで重要なのが **USP（Unique Selling Proposition）という、自社特有の強みを見いだし、他社と差別化して商品やサービスを売り込んでいく戦略です。** これには「市場・顧客（Customer）」「競合（Competitor）」「自社（Company）」の視点から自社の現状を把握する3C分析を用います。

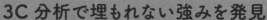

3C分析で埋もれない強みを発見

メインターゲットは20〜30代の女性だ

肌に優しい成分の化粧水が求められているようですね

①市場・顧客（Customer）

A社は独自開発の成分を配合

B社は30〜40代向けに少し高めの価格設定だな

②競合（Competitor）

自社のスキンケア商品の強みは低価格・低刺激だ

これらを踏まえると……

③自社（Company）

08 興味のある広告が表示されるしくみ

消費者の関心にマッチした広告を打ち出すことで、
効果的な集客が可能となります。

企業は自社の商品やサービスを知ってもらうために広告を打ち出しますが、それを見た消費者の関心とマッチしていなければ、あまり効果を期待できません。そこで有効なのが、**リスティング広告**です。これは**消費者が検索したキーワードに連動して表示される広告のことで、消費者の関心に沿っているためクリックしてもらえる可能性が高いのです。**

検索ワードと連動するリスティング広告

検索したワードに関連する広告を表示するリスティング広告というものがあります。消費者の関心に沿った広告が表示されるため、その分クリックしてもらえる可能性が高いしくみです。

このように**ターゲットを絞った広告なら、不特定多数に向けた広告を打ち出すよりも確実で、安定的な集客を見込めるでしょう**。また広告主だけでなく、広告を掲載している検索エンジン側にも、閲覧数の増加や広告費の獲得といったメリットが見込めます。広告を載せてもらう側と載せる側が、お互いによい影響をもたらしているのです。

リスティング広告は確実で安定的

不特定多数の人に向けて広告を出すよりも、リスティング広告のように顧客になり得る人へピンポイントに広告を出すほうが確実でしょう。

09 購買意欲をかき立てる リマーケティング

一度サイトを訪問した人に
再度訪問してもらうための機能があります。

気になる商品をWebサイトで検索し商品ページを閲覧したが結局ページを離れた、オンラインショップのカートに商品を入れはしたけれど購入には至らなかった、という経験をしたことのある方はけっこう多いのではないでしょうか。**このような消費者向けに、再度商品に関連する広告を提示して購入を促すリマーケティング**という機能があります。

リマーケティングで購買意欲アップ

リマーケティング広告の例としては、類似商品のバナー広告、一度カートに入れた商品の再掲示、キャンペーンやセール情報の掲載などがあります。また、動画サイトに出す広告なら動画の検索・閲覧履歴をもとに、Webサイト内の広告ならそのサイトでの検索・閲覧履歴やサイト内のほかのコンテンツの利用情報をもとに、リマーケティングを行うことが可能です。

リマーケティングでは、一度商品に関心を抱いた消費者へ再度広告を提示することで、消費者の購買意欲に火をつけます。消費者の購買行動を後押しする形となり、購入に至ってもらえるケースが多いのが特徴です。

10 安定収益を考えるなら 集客ばかりに目を向けない

収益を安定させるためには、
商品を何度も買ってくれるリピーターの存在が欠かせません。

これまで解説してきたデジタルマーケティングの手法を活用して、集客に成功したとします。新規の顧客に商品を購入してもらえました。しかし、ここで油断してはなりません。**顧客に商品をリピートしてもらう、または繰り返しサイトを利用してもらえなければ、結局は集客に成功する前のもとの状態に戻ってしまいます。**安定した収益を望むなら、**リピーター**を増やすことが重要です。

リピーターを増やせば収益は安定する

新規の顧客を集めることばかりに力を注ぎ、リピーターを増やすことができなければ、結局、収益は安定しません。何度も商品を買ってもらうためには、販売サイトを工夫するのが近道です。

再訪率アップのための、3つのポイントがあります。1つ目は、**常に新しい情報を提供できているか**。情報が更新されるからこそ、顧客は定期的にサイトを訪問しようと考えます。2つ目は、**簡潔でわかりやすい構成か**。複雑なサイトを利用したい消費者はいないでしょう。3つ目は、**当サイトならではのメリットがあるか**。お得な会員制度や独自のキャンペーンがサイトの強みになります。

リピートを促すサイトづくり3つのポイント

デジタルマーケティングの魅力は低コストにあり

　デジタルマーケティングの大きなメリットとして、コストが高くないということが挙げられます。特にSNSは無料でアカウント作成できるものが多いため、ほぼコストゼロでブランディングを高めることができるでしょう。

　従来のブランディングといえば、大企業が大規模にコストを投入し、看板やCMなどの広告、記者会見、一等地への店舗出店といった手法を取るのが一般的でした。多くの人の目に触れさせて企業の資本力をアピールすることで、ブランドの地位を高めていたのです。

　一方、デジタルマーケティングは、消費者の口コミがブランディングに直結する手法で、SNSではその比重がさらに高まります。そこでカギとなるのが、ユーザーに親近感を抱かせること。多少のコストはかかってしまいますが、多くのユーザーから支持を得ているインフルエンサーを起用するのもおすすめです。

　中小企業やベンチャーなど、資本力が高くなくても質の高い商品をつくっている企業にとって、有益なマーケティング手法だといえます。

chapter.08

SNS
マーケティング戦略

今や誰もが使っている SNS は、
マーケティングの場としても重要なプラットフォームです。
本章では、その最大の強みである
情報拡散力を活かした戦略を紹介します。

01 SNSマーケティングは従来の マーケティングと何が違う？

SNS の台頭により、従来の Web マーケティング方法論が
大きく変わってきています。

Instagram やX（旧 Twitter）、Facebook、TikTokをはじめとしたさまざまな SNS
が存在する時代。**SNSのユーザー数**は増加し続けています。**この時代の流れに
より、ユーザーの行動にも変化が表れています**。たとえば何か調べたいことがあ
るとき、GoogleやYahoo!などの検索エンジンを使うのではなく、SNSで関連する
キーワードやハッシュタグを検索する人が増えているのです。

SNSの影響で行動が変化している

特に若い世代では、SNSで見つけた商品を購入したり、商品購入前にSNSでレビューを調べたり、「インスタ映え」を求めてお店を訪れたりすることもよくあります。**検索方法**が多様化したことで、従来のようなSEO対策だけでは、ユーザーに情報が届いていない可能性があるのです。**SNS上で自社の商品やサービスを積極的にアピールしていく必要があるといえるでしょう。**

これからの時代はSEOとSNSの両立

従来のSEO対策に加え、SNS上で積極的に情報を発信することが大切です。

02 SNSマーケティングの強みは情報拡散力

SNSはユーザーが情報をシェアするため
情報拡散力に優れています。

SNSの強みは、企業が発信した情報がユーザーの手によって一瞬で広まる**情報拡散力**にあります。これまでのマーケティングは、企業が情報を与え、それをユーザーが受け取るという一方向のもので、情報を届けられる範囲には限りがありました。しかし、**ユーザーがSNS上で発信者になったことにより、膨大な人数へのアプローチが可能になっています。**

SNSはユーザー本位で情報が拡散される

新作コスメの
訴求軸を
決めよう！

これでよし

ポスト完了

企業がコンテンツを制作する

各SNSに投稿する

このような環境でのマーケティングにおいてもっとも重要なのは、**ユーザーの共感を得ることです。** ユーザーを惹きつける情報を発信することで、ユーザーの間でシェアが活発に行われ、ブランドイメージを向上させることにつながります。また、SNSで話題になるとマスメディアに取り上げられ、さらに情報が拡散していくという好循環が生まれるケースもよくあります。

情報を拡散するためのポイントは、ユーザーの共感を得ること。
そうすれば、ブランドイメージが向上し、売上の向上にもつながります。

あのコスメ
ほしいなあ

いいよね！

ユーザーの共感を得る

情報が拡散される

マスメディアに
取り上げられる

ほしい！

No.1
ベストコスメ！

売上にも直結する

企業・ブランドイメージが向上する

03 SNSはコンテンツマーケ ティングと相性がよい

普通の広告に飽きた人も取り込めるこの手法は、
SNSと相性がよいというメリットがあります。

コンテンツマーケティングは、ユーザーが魅力を感じる情報を発信することで、商品を買ってもらう手法です。これはアメリカで提唱された概念で、日本でも浸透しつつあります。**従来の広告との違いは、企業がただ情報を押しつけているか、それともユーザーに魅力的な情報がプラスされているかということ。**Webサイトやカタログなどの広告に飽きたユーザーを引き込むことができます。

コンテンツマーケティングではない例

商品購入後にクーポンやカタログを届けるサービスは、
コンテンツマーケティングではありません。

この手法は、SNSとの親和性が高いというメリットがあります。たとえば家具販売店がInstagramで、新作商品を使ったインテリアコーディネート例を掲載したとします。すると、その家具の購入希望者はもちろん、偶然に投稿を見たユーザーにもアプローチすることができるため、認知度向上が図れます。**また各SNSの分析機能を使えば、ユーザーのニーズを把握することも可能です。**

有益な情報が含まれていることが条件

04 特徴は宣伝色を抑えた 発信による「刷り込み」

消費者の心を惹きつけるには、
できるだけ宣伝色を抑えることが大切です。

マーケティングは、消費者の購買意欲を高めることが目的です。そのため、企業がただ情報を押しつけるのではなく、消費者の心を惹きつける必要があります。**SNSマーケティングで気をつけたいのは、企業の「売上を伸ばしたい」という思惑が見えないようにすること**。ユーザーが「これは宣伝だ」と察知すると、そのブランドや商品に関心を示さなくなるというデータがあるためです。

宣伝色が強いとシェアされない

企業の思惑が透けて見えるような投稿は、あまり効果がありません。

SNSはユーザーが自由に情報を発信したり、受け取ったりできる**パーソナルメディ
ア**。個人が自分の意思で関心を抱いた情報が拡散されていきます。そのため SNS
マーケティングでは、**なるべく宣伝色を抑え、「ユーザーが知りたい情報を提供す
る」という戦略を立てることが重要です**。そのほうがユーザーによってシェアされ
やすく、結果的にブランド認知度の向上につながります。

ユーザーが知りたい情報を提供する

有益な情報を提供すると、ユーザーの共感を生むことができます。

05 SNSマーケティングには目標設定が重要

まずは SNS マーケティングの3つの目的を
しっかり理解することが大切です。

SNSマーケティングは、目標を設定しなければ十分な成果が見込めません。**まずは目的を明確にし、そこから具体的な戦略を立てましょう。**この目的は大きく分けて3つあります。1つ目は**ブランディング**。公式アカウントのフォロワー数やリーチ数を増やしたり、「いいね！」や「リポスト」の数を増やしたりすることによって、商品やサービスの認知度向上、企業の信頼度の向上を目指します。

SNSマーケティングの 3 つの目的

信頼できる
商品ですよ〜

祝！**フォロワー
10万人**

商品の認知度を向上させ、企業の信頼度を高めます。

安心だね

エンゲージメント率

アカウントフォロワー数

ブランディング

2つ目は**集客・販促**です。SNS投稿をきっかけに、実店舗に来店したり、ブランドサイトやネットショップに流入したりする機会をつくります。3つ目は**ユーザーサポート**。商品を購入したユーザーからの意見や質問に、リアルタイムに対応します。**商品を売って終わりではなく、その後も丁寧な対応をすることによって、それを見た多数のユーザーから信頼を得ることが期待できます。**

気になってお店に来てみた

どんなブランドなんだろう～

実店舗への来店や、HP、ネットショップへの流入を促します。

集客・販促

質問にすぐ答えてくれた！

ユーザーサポート

ユーザーからの質問や疑問にすぐに対応することができます。

06 エンゲージメント率の測定で方針を決める

ユーザーの関心度がリアルタイムでわかる
機能を有効に活用しましょう。

運営しているSNSアカウントが何人に閲覧されているのか、「いいね!」やシェア、コメントといった投稿への反応はどれくらいの割合であるのかを示した数値を**エンゲージメント率**といいます。これは、**フォロワー数だけではわからないユーザーの関心が顕著に表れる**ため、SNSマーケティングの戦略を立てる際に参考にしたい数値です。

エンゲージメント率とは?

エンゲージメント率はネガティブなリアクションの場合もあるため、
コメント欄などでユーザーの感情も確認しましょう。

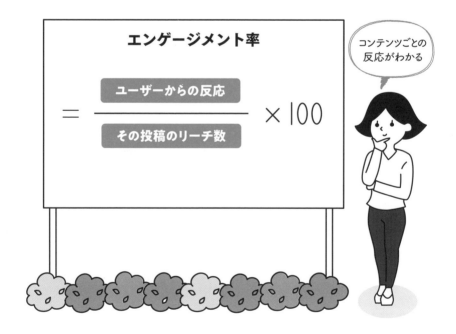

エンゲージメント率

$$= \frac{\text{ユーザーからの反応}}{\text{その投稿のリーチ数}} \times 100$$

コンテンツごとの反応がわかる

エンゲージメント率を上げるためには、2つのコツがあります。まずはユーザー目線で発信すること。**反応の大きかった投稿を分析し、ユーザーがほしい情報を届けることが大切です。**もう1つは、ユーザーとコミュニケーションを取ること。コメント欄やライブ（生配信）機能などを活用して、積極的に交流することで、ユーザーの反応を増やすことができます。

エンゲージメント率を上げる2つのコツ

前回反応が
よかった
動画の企画を
考えてくれ

はい！

①ユーザー目線で考える

企業本位の情報ではなく、ユーザーがほしい情報は何かを意識する

新作ドレスに
関して質問は
ありますか？

サイズ感って
どうなんだろう？

**②ユーザーと
コミュニケーションを取る**

ユーザーが気軽に質問できるライブ配信や、コメント欄を活用する

07 ベストな投稿の頻度と時間は？

コンテンツをより多くの人に見てもらうために
投稿する頻度や時間を工夫しましょう。

コンテンツを投稿する頻度や時間帯を工夫することで、より多くのユーザーに情報を届けることができます。投稿日時を指定できる**予約投稿機能**を活用し、計画的に投稿するのがおすすめです。適切な投稿頻度は SNS によって異なりますが、**Facebook なら週1～2回、Instagram なら投稿は2日に1回で、ストーリーズは毎日アップしたいところ。X は1日5回ほどがベストです。**

SNSごとの適切な頻度で投稿する

投稿する時間に関しては、①朝の通勤・通学時間（7〜8時）、②ランチタイム（11〜12時）、③帰宅中の時間（17〜18時）、④就寝前（21〜22時）の4カ所を狙うのが効果的。**特に就寝前は、ゆっくりSNSをチェックする人が多く、アクセス数の増加が見込めます**。また、関心が集まるタイミングは、飲食店ならユーザーが空腹の時間、イベント関連なら帰宅時間など、業種によって異なります。

アクセス数の増加が見込める時間に投稿する

予約投稿機能を使って、SNSの閲覧が増えるタイミングに投稿しましょう。

月曜から木曜がおすすめだよ〜

①7〜8時
通勤・通学の時間

②11〜12時
ランチタイム

③17〜18時
帰宅中の時間

④21〜22時
就寝前

ゴールデンタイム

08 認知度を上げるには 計画的な投稿がポイント

SNS の効果を最大限発揮するには、事前にスケジュールを
立てて計画的に投稿するのが大切です。

SNS のユーザーは常に膨大な量の情報を受け取っています。タイムラインで偶然見
かけた商品を一度は「いいな」と思っても、すぐに忘れてしまうでしょう。そこで重
要になってくるのが、**計画的な投稿**です。**ネタが見つかったときに投稿するので
は不十分**。具体的な日時を決めて情報を発信し続けることによってはじめて、ブラ
ンドと商品の認知度を上げることができます。

投稿スケジュールを一覧で管理する

日付	投稿作業	カテゴリー	タイトル	必要な 素材
2/8	済	リール動画	最速! 春コスメ レビュー	新商品、 スキンケア セット
曜日、時間も 書くと◎		投稿の種類を 記入		

画像が
あれば表に
追加しよう

投稿管理には、Excel や Google スプレッドシートなどを使って投稿スケジュールをつくるのがおすすめです。**1カ月ごとに作成し、投稿予定日時や投稿内容などを一覧にまとめておきましょう。** 急遽配信する情報ができたり、内容を変更する必要ができたりしたときには、その都度スケジュールを更新し、混乱が起きないようにするのが大切です。

これがあれば
ちゃんと
投稿できるね

投稿日時や内容をくわしく記入し、誰が見てもわかる状態にしておくことが大切です。

広告	目的	ターゲット	掲載期間	広告費
済	販促	美容に関心がある20〜30代女性	無期限	¥3,000
	目的をカテゴライズする	できるだけ具体的に！	期間限定公開の場合は記入	

187

09 「思わずシェアしたくなる」心理とは？

自分の体験や気持ち、考えを SNS にアップする
理由には、3つの心理が影響しています。

SNS で「誰かとシェアしたい」と感じる心理には、**3つの感情**が関係していると
いわれています。まず1つ目は「価値を共有したい」という気持ち。たとえばおい
しいご飯を食べて感動したとき、これをほかの人にも伝えたいという思いが芽生え
ます。2つ目は「交友関係を保ちたい」という気持ち。**友人とより深くつながって
いたいという思いが、情報をシェアするという行動に表れます。**

思わずシェアしたくなる3つの感情

いいと思ったものを、
ほかの人にも伝えたい
という心理です。

おいしそう〜

①価値を共有したい

そして3つ目が「自分を表現したい」という気持ち。**人間には自分の考えを周りの人に理解し、評価してほしいという「承認欲求」があります。**それがSNS上では、シェアという形で表れるのです。「いいね！」をたくさんもらうために写真映えするスポットを訪れたり、ニュース記事を引用して自分の考えをシェアしたりするのも、この気持ちがあるからだと考えられます。

②交友関係を保ちたい

出来事をシェアすることで友だちとコミュニケーションを取りたいという心理です。

友だちと
つながっていたい

みんなに
共感してもらいたい

自分の考えを提示することで、周りの評価を得たいという心理です。

③自分を表現したい

素晴らしい！

10 アイデアを面白く見せるための手法

SNSを「バズらせる」ためには、これまでの視点を変え、ユーザーを飽きさせない工夫をすることがポイントです。

フォロワー数の伸び率やエンゲージメント率で悩んでいるとき、ぜひ試してみたい**バズる方法論**があります。**それはズバリ、「3つの軸をずらす」**こと。まずは「時代」をずらしてみましょう。投稿画像をあえて昔風に加工してみる、ロングセラー商品なら初登場のときのパッケージや当時の広告をアップする、といった工夫でマンネリ化を防ぐことができます。

「時代」をずらしてバズる

あえて「今っぽくない」雰囲気の写真や過去の写真を公開することで新鮮味が生まれます。

初代パッケージを公開！

発売当初のパッケージと新しく生まれ変わった最新パッケージです!

平成風の画像をUP

202X秋冬コレクション #202X #202ＸAW #fashion

また、「サイズ」をずらす方法もあります。たとえば手のひらサイズのフライパンで調理してみたり、バケツ大のプリンをつくってみたりといった、**常識的な「大きさ」を裏切るコンテンツは注目を集めやすい傾向があります**。最後は「範囲」をずらす方法です。自社で展開する食品のアレンジレシピ紹介や、発売前に一部を「チラ見せ」すると、ユーザーの関心を引くことができるでしょう。

「サイズ」と「範囲」をずらしてバズる

手のひらサイズの
フライパンで料理

バケツでつくった
巨大プリン！

通常ではありえないサイズ感のものを投稿すると、注目を浴びやすくなります。

自社の
お菓子を使った
パスタレシピ

発売前の
誌面をチラ
見せ〜

通常から外れた「範囲」でコンテンツをつくるとマンネリ化を防げます。

11 SNSユーザーの 購買行動に影響を与える

SNS マーケティングでは商品購入までの消費者の
行動を 5 段階で考えています。

一般的に、SNSマーケティングでの戦略立てで使われるのが、**DECAX**（デ
キャックス）という**購買行動モデル**です。これは2015年に電通によって提唱さ
れました。このモデルでは、**消費者が商品を購入するまでには、Discovery
（発見）、Engage（関係構築）、Check（確認）、Action（購買行動）、
Experience（体験・共有）という5つのステップがあると考えています。**

5つのステップで考える DECAX

①Discovery（発見）

このワンピース
かわいいな〜

SNS の投稿や広告で商品を
見つけます。

②Engage（関係構築）

どこで
売ってるんだろう

ネットショップ
は……

気になる商品の情報を
集めはじめます。

SNS は購買行動の各プロセスでとても重要な役割を担います。購買の第一歩は、タイムラインで商品を「発見」すること。そして定期的に情報を発信することで、ユーザーと「関係」を構築していきます。次は商品の紹介動画や口コミを見て、本当に必要かどうかを「確認」し、それをクリアして「購入」を決意します。このようなプロセスののちに、感想や意見が SNS にシェアされるのです。

消費者の購買モデルは5ステップ。SNS はすべてのプロセスで重要な役割を担います。

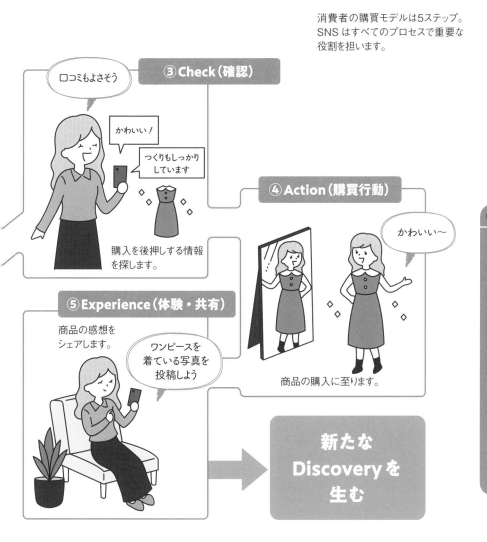

③ **Check（確認）**

口コミもよさそう

かわいい！

つくりもしっかりしています

購入を後押しする情報を探します。

④ **Action（購買行動）**

かわいい〜

商品の購入に至ります。

⑤ **Experience（体験・共有）**

商品の感想をシェアします。

ワンピースを着ている写真を投稿しよう

新たな Discovery を生む

広告効果も高い
ショート動画

　SNS の近年のトレンドはショート動画です。空いた時間にサクッと見られることから、通常の投稿以上に人気のコンテンツになってきています。この手軽さゆえに、視聴者も多く、ショート動画は広告としても大きな効果が期待できるといえるでしょう。

　特に TikTokは、広告を意識させない企業キャンペーンを積極的に打ち出している SNS。日本人ユーザーは1500万人を超え、若い世代をメインに支持されています。

　TikTokの広告配信は3種類あります。まずは起動画面に表示するもの。アプリを開くと全画面に、3〜5秒ほど表示されます。短時間で閉じるため、ユーザーへのストレスもありません。次にレコメンド欄をスワイプすると定期的に表示されるインフィード広告。広告感を感じさせないため、高いエンゲージメント率が期待できます。

　最後は「ハッシュタグチャレンジ」です。これは企業が提供する楽曲に合わせた動画を投稿してもらうもので、ユーザーと一体感が生まれる、新しい広告のあり方だといえます。

chapter.09

強い企業から学ぶ
新時代のビジネスモデル

昨今、世界では AI 事業に積極的な企業が注目を浴びています。
それらのトップ企業が採用しているビジネスモデルを分析し、
最新の戦略を学びましょう。

01

強い企業は GAFA から MATANA へ

どれほど影響力を持っていたとしても、
時の流れとともにそのパワーバランスは移り変わっていきます。

世界的な支配力を持つ IT 企業としてよく名が挙げられる Google（親会社は Alphabet_{アルファベット}）、Apple、Facebook（現在はMetaに改名）、Amazon。これら4社はその頭文字を取って GAFA_{ガーファ} と呼ばれ、IT 業界を牽引してきました。しかし近年、**GAFA に代わって MATANA と呼ばれる Microsoft_{マイクロソフト}、Amazon、Tesla_{テスラ}、Alphabet、NVIDIA_{エヌビディア}、Apple の6社が、先進的な力を持つ企業として注目を集めています。**

これまで強い影響力を持っていたGAFA

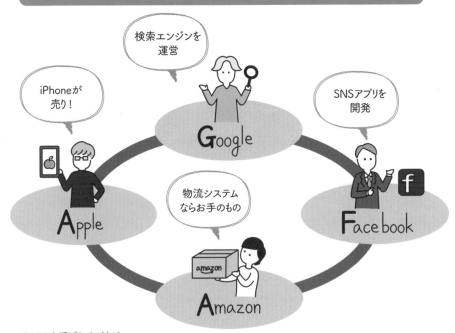

検索エンジンを運営

iPhoneが売り！

SNSアプリを開発

物流システムならお手のもの

Google

Apple

Facebook

Amazon

GAFA と呼ばれる4社が、
強い影響力を持つ IT 企業の代表格でした。

まださほど聞きなじみのない Tesla は電気自動車のシェア率が世界トップクラスの企業で、NVIDIA は高性能な画像処理ができる GPU という装置で有名な企業です。**MATANAの6社はいずれも AI 事業に着手しており、それが注目を集める所以であるといえるでしょう。**先を見据えた事業を展開し、これからの成長性が高い企業なので、覚えておいて損はありません。

新しく注目を集めている MATANA

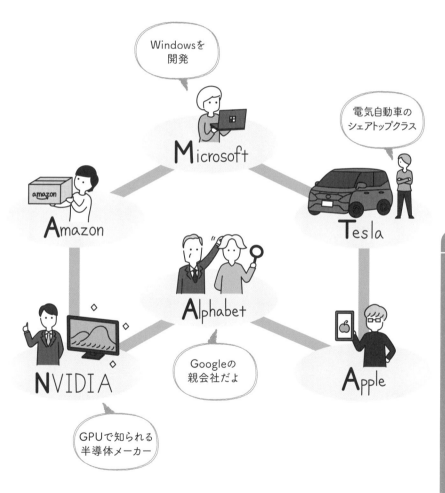

新たに影響力を強めている、MATANAの6社。
これらの企業は AI事業にも積極的に着手し、高い成長性で注目を集めています。

02 日本で広告事業を展開する Microsoft

日本で高い普及率を誇るという
強みが活きた広告事業を推し進めています。

近年、コロナ禍の影響でリモートワークが浸透して自宅での作業が増え、**仕事とプライベートをはっきりとは区別しない人が増えてきました**。こういった生活を送る人をワークデイコンシューマーといいます。仕事の合間にプライベートな用事を済ませたり、あるいはパソコンで商品の検索やネットショッピングをしたりすることもかなり多いようです。

仕事とプライベートの境界が曖昧に

コロナ禍によるリモートワークの浸透で、仕事とプライベートを分けない働き方が増加。仕事の合間に、業務用のパソコンでプライベートな用事を済ませる人も多くいます。

Microsoftはそのことに注目し、**Microsoft広告**を新たに推し進めています。これはMicrosoftが提供する検索エンジンやメールサービス、ブラウザなどに広告を掲載するというもの。**日本における業務用パソコンのシェアトップクラスを占めるMicrosoftに広告を掲載すれば、多くのワークデイコンシューマーに、勤務中のパソコンのプライベート利用の際に広告を見てもらえるというわけです。**

時代に合った Microsoft 広告

日本におけるMicrosoftの普及率はかなり高く、業務用パソコンのシェアではトップクラスを誇っています。そんなMicrosoftの提供するサービスに広告を掲載すれば、多くの利用者に情報を届けることができます。

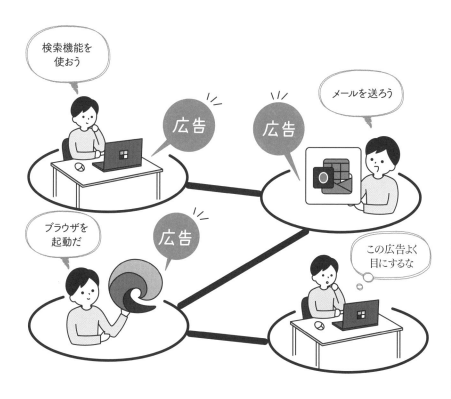

03 金融と健康分野に力を入れるApple

Apple は IT 技術をさまざまな分野で活用し、
事業の幅を広げています。

世界的なテクノロジー企業であるAppleは、**フィンテック**という事業にも着手しています。これは金融 (Finance) と技術 (Technology) を組み合わせた言葉で、**IT技術を活用した新しい金融サービス**のこと。Appleが進める主なシステムには、Tap to Payが挙げられます。専用のレジ端末を使わず、店側のスマートフォンに顧客がカードやスマートフォンをタッチするだけで決済を完了できるサービスです。

タッチするだけで決済できる Tap to Pay

このほかに、健康分野でも存在感を強めています。Appleが提供する**ヘルスケア**というアプリを活用している人も多いのではないでしょうか。**睡眠時間の記録や服薬管理をすることができるため、消費者にとってかなり便利な機能といえます。**ヘルスケアは今後成長が期待される分野で、日本企業もルナルナで知られるエムティーアイが参入しています。

健康管理が手軽にできるヘルスケア

今日は何歩歩いたかな

今日の体重を記録しよう

あっ薬を飲む時間だな

ピピッ

Appleのヘルスケアというアプリは健康を管理するのに便利な機能です。スマートフォンやApple Watchを使って睡眠時間や歩数、体重などをまとめて記録したり、服薬管理をしたりすることができます。

04 Netflixが乗り出した広告モデル

一時期会員数が大幅に減少したNetflixですが、
新たな広告付きのプランによって挽回を図ります。

動画配信サービスの代名詞ともいえる存在のNetflix。当初は続々と会員数を伸ばし、右に出るものはいないほどでした。しかし、**ディズニーがNetflixから自社の作品を引き揚げて独自の動画配信サービスを行うようになり、競合する立場に。**これが大きな原因の1つとなって、Netflixの会員数が大幅にダウンしてしまうこととなりました。

Netflixの会員数が減少

ちょっと高いかな
解約して節約しよ

自社で
動画配信サービスを
立ち上げるぞ

ディズニーをはじめとする他企業が動画配信サービスを立ち上げたことで、競合が増加。また、会員料金を割高に感じるユーザーも多く、会員数が減少する結果に陥りました。

そこで Netflix は、新たに**広告付き低価格プラン**を提供して会員数の確保と収益アップを目指しました。**「広告付きスタンダード」という、広告が流れる代わりに「スタンダード」プランと同じ内容を低価格で視聴できるプランです。**これにより、企業側は広告収入と顧客の広告データを得ることができ、顧客はより低価格で動画を楽しめるようになりました。ただし、近年では値上げの傾向にあります。

新プランで会員数＆収益アップ

広告による
収益が入ってくる

Netflix

会員数も
増えた！

低価格で
動画が見られる！

広告付きの新プランに懐疑的な意見もありましたが、導入後の会員数は順調に増加し、ほぼもとの水準まで回復しました。

05 ネット時代の 新しいメディアのABEMA

身近にあるテレビも、
IT技術の進化とともに、新しい形へと変化を遂げています。

インターネットで見られるテレビとして人気を集めているABEMA。**基本的には無料で視聴でき、有料プランに加入すればさらに高度なサービスを受けられる、フリーミアムモデル**(フリーとプレミアムの造語)という体制を取っています。オリジナルチャンネルのニュースやドラマ、アニメなどを放送し、特にサッカーのワールドカップの放映のようなスポーツ中継で知られています。

新しいテレビの形を提案する ABEMA

ABEMAは基本無料でさまざまなコンテンツを楽しめる動画配信サービスです。「新しい未来のテレビ」として、ニュースや恋愛番組、スポーツ中継などを放送しています。有料プランに加入すれば、視聴できる作品や使える機能が拡張します。

これまで ABEMA は、従来のテレビと同じく、番組視聴者全員に同一の広告を配信する手法を取っていました。しかし現在は**パーソナライズド広告配信**という、**視聴者1人ひとりに広告を出し分ける手法を採用するようになっています**。時代の変化に柔軟に対応することで成長し続ける、まさにテレビのイノベーションを実現する「新しい未来のテレビ」なのです。

視聴者に合わせたパーソナライズド広告配信

ABEMAではもともと、テレビと同じく番組の視聴者全員に同一のCMが配信されていましたが、現在は視聴者1人ひとりに合ったCMが配信されるようになりました。

06 Suicaの膨大なデータを提供するJR東日本

Suica に蓄積されたデータはさまざまに活用され、街づくりに貢献しています。

JR東日本は、ICカードSuicaの統計データを活用し、「**駅カルテ**」という人流分析を行っています。**Suicaは乗車券であるため、乗り降りした駅が記録されており、人の流れを可視化するのに役立つのです。** このデータは時間帯や性別、年代ごとに集計することも可能で、それをもとに駅の利用者数や利用状況の変化、通学・通勤圏などを把握することができます。

Suicaのデータを活用した「駅カルテ」

ICカード乗車券の Suica に記録されている駅の乗降データをもとに、「駅カルテ」という人流分析が行われています。駅の利用者数を項目ごとに集計したり、特定の駅と行き来の多い駅を表示したりすることで、人の流れを調べることができるのです。

Suicaの利用者数を考えると、駅カルテがかなりの**ビッグデータ**であることは容易に想像できるでしょう。**ここから得た分析結果は最適な広告の出稿や駅周辺施設の検討などに使われ、駅の利便性の向上と街の活性化につながっています。**また最近では、JR東日本が駅カルテの外部企業への販売に乗り出し、今後の動向に注目が集まっています。

分析データの活用の仕方はさまざま

駅カルテの分析データは、店舗マーケティングや広告の出稿などに活用され、さまざまな形で街づくりに貢献しています。

07 セブン‑イレブンが実行している戦略とは？

街中でよく見かけるセブン‑イレブン。
特定の地域に集中的に出店することも戦略の1つなのです。

すぐ近くなのに同じ系列の店がいくつもあるのを見かけたことはありませんか？　これは、セブン‑イレブンが実行している戦略として知られていて、**ドミナント戦略**といいます。**狭いエリアに複数の店をあえて出店することによって、ロジスティックス（物流）効率をよくします**。また、他社が参入しづらくなる**参入障壁**の効果も得られるだけでなく、その地域での知名度を高めることもできるのです。

全地域から特定地域にシフトする

● 従来の出店戦略

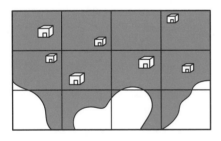

チェーンを拡大する際は、同じ系列の店同士が競合しないよう広域に出店

全国展開して売上を伸ばそう

競合するから既存店の近くは避けよう

● ドミナント戦略

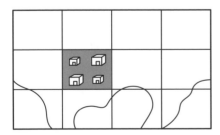

特定の地域に集中的に出店することで、その地域内で圧倒的なシェアを誇る

あの地域だけに絞ろう

多少競合してもメリットは多い

かつてセブン - イレブンは、営業時間の長さを売りにしていましたが、それだけでなく酒店を加盟店に入れ、お酒も販売しているコンビニとしたことで差別化に成功しました。このように、**その地域でシェアを獲得すれば、隣接地域に参入した際に大きなアドバンテージになります**。系列店が近くにあると消費者の奪い合いになる可能性もありますが、それを差し引いてもメリットはあります。

ドミナント戦略のメリット

ドミナント戦略は、さまざまな地域の顧客を相手にするのではなく、
特定の地域の顧客に集中するという考え方です。

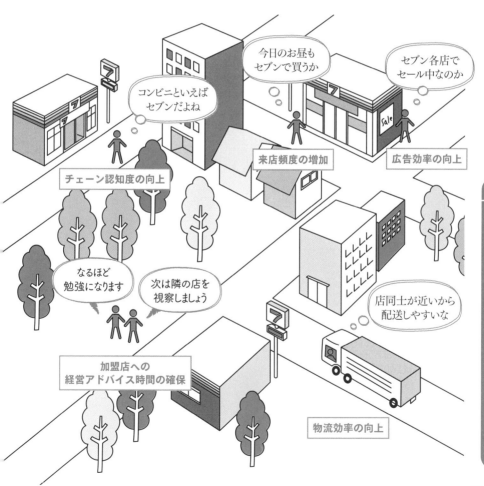

08 カフェ業界でひとり勝ちの スターバックス

スターバックスは、経験に価値を置くマーケティングで
顧客の満足度を高めています。

モノの購入の仕方は、その目的に応じて2種類に区別することができます。まず1
つ目がモノ消費。これは、特定のモノを手に入れることが目的です。一方で、モノ
を特定の店舗で購入するという行為自体が目的に含まれているのが**コト消費**です。
**このコト消費に焦点を当て、経験に価値を見いだす経験価値マーケティングとい
うものがあります。**

モノ消費とコト消費

モノ消費はモノを手に入れることに
重きを置いているのに対し、コト消
費はモノを購入する過程やそれに
よって得られる経験に価値を見いだ
しています。

カフェ業界で揺るぎない地位を誇るスターバックスが、このマーケティングを行っています。商品以外にも、出店地域に合わせた店舗づくりや丁寧な接客にこだわり、顧客はスターバックスでコーヒーを飲むこと自体に価値を見いだしているのです。このように**経験に価値を付与するには、消費者の五感や好奇心を刺激したり、感情を揺さぶったりするようなしくみを設けるのが効果的です。**

行為自体に価値を見いだす経験価値マーケティング

スターバックスは「スターバックスでコーヒーを飲む」という行為に価値を見いだしてもらおうと、出店地域によって店舗の雰囲気を変えたり、居心地のいい空間づくりをしたりして、スターバックスならではの特別感を演出しています。

イベントで引く手あまたの
プロジェクション・マッピング

「プロジェクション・マッピング」とは、プロジェクターを使い、建物や物体、あるいは空間などに映像を映し出す技術のことです。

投影する対象となる建物や物体の正確なデータを計測することで、映像がぴったり重なるように投影されます。コンピューター・グラフィックス（CG）などを活用して、巨大怪獣が建物によじ登ったり、建物が変形したりといった幻想的なパフォーマンスが楽しめるため、現在人気を集めています。特に、東京駅を投影対象にした大規模なイベントだと、あまりの人気と人出により中止されるほどの事態になりました。

プロジェクション・マッピングは、従来の花火や噴水などによる光と音のイベントやパフォーマンスに比べ、すでにあるものに投影するため、規模にもよりますが、比較的安価で行うことができます。

こうした背景もあり、マーケティングや集客イベントなどでも、今後さらに多彩な活用が期待されています。

掲載用語索引
数字・アルファベット

あ行

か行

さ行

215

ま行

や行

ら行

マーケティングの根幹は
誠実であること

数ある本のなかから本書をお読みいただきまして、ありがとうございました。まずはお礼を申し上げます。

日進月歩のマーケティングの分野では、次々と新しい手法が生み出されています。特に近年では、世の中のデジタル化が加速度的に進んでいることもあって、本書でもご紹介したデジタルマーケティングやSNSマーケティング分野の発展には目覚ましいものがあります。

本書は2018年に発行した『大学4年間のマーケティング見るだけノート』の新版となりますが、わずか数年でマーケティングの分野は大きく様変わりしました。大量のデータをAIが分析し、顧客への価格の最適化であったり、お得なクーポンが発行されたりすることは、もはや今では当たり前になっています。おそらく今後も生成AIの進歩に伴って、デジタルマーケティングの分野はより進んでいくことでしょう。

かつて昭和のころの日本社会では、強面の男性が住宅に上がり込んで商品を一方的に脅して売りつける「押し売り」という行

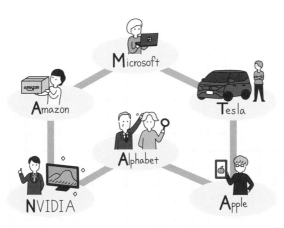

為が横行しました。しかも、狙われたのは周囲に助けを求めるのが困難な電話機のない家々だったそうです。今の人にしてみればちょっと信じ難い話ですが、昭和と現代の大きな違いは通信手段の有無にあります。スマホはひとり1台持っているのが当たり前の時代となった今、販売者側が一方的に強く、消費者が泣き寝入りするという力関係は存在しません。

今までも、そしてこれからも、マーケティングの根幹は誠実であること――。きっとそれが一番大切なことであり、常に胸に刻んでおく必要があるのではないでしょうか。

『大学4年間の経営学見るだけノート』も併せてお読みいただくと、さらに理解が深まると思います。
最後までお付き合いくださり、誠にありがとうございました。

平野 敦士 カール
熱海テラスにて

◎主要参考文献

『カール教授のビジネス集中講義 経営戦略』
平野敦士カール 著（朝日新聞出版）

『カール教授のビジネス集中講義 ビジネスモデル』
平野敦士カール 著（朝日新聞出版）

『カール教授のビジネス集中講義 マーケティング』
平野敦士カール 著（朝日新聞出版）

『カール教授のビジネス集中講義 金融・ファイナンス』
平野敦士カール 著（朝日新聞出版）

『マジビジプロ 図解 カール教授と学ぶ成功企業 31 社のビジネスモデル超入門！』
平野敦士カール 著（ディスカヴァー・トゥエンティワン）

『大学 4 年間の経営学見るだけノート』
平野敦士カール 監修（宝島社）

『知識ゼロから PV 数、CVR、リピート率向上を実現！デジタルマーケティング見るだけノート』
山浦直宏 監修（宝島社）

『「いいね」で売上をいっきに倍増させる最新活用術！SNS マーケティング見るだけノート』
坂本 翔 監修（宝島社）

『Facebook を「最強の営業ツール」に変える本』
坂本 翔 著（技術評論社）

『Instagram でビジネスを変える最強の思考法』
坂本 翔 著（技術評論社）

『1 億人の SNS マーケティング バズを生み出す最強メソッド』
敷田憲司、室谷良平 著（エムディエヌコーポレーション）

『コストゼロでも効果が出る！LINE 公式アカウント集客・販促ガイド』
松浦法子、深谷歩 著
松浦法子 監修（翔泳社）

『デジタル時代の基礎知識「SNS マーケティング」第 2 版』
林 雅之、本門功一郎 著（翔泳社）

『SNS マーケティングのやさしい教科書。』
株式会社グローバルリンクジャパン、清水将之 著（エムディエヌコーポレーション）

『TikTok・MixChannel・Facebook Watch 集客・販促ガイド』
武井一巳 著（翔泳社）

◉ STAFF

編集	細谷健次朗（株式会社 G.B.）
編集協力	三ツ森 陽和、吉川はるか
本文イラスト	フクイサチヨ
カバーイラスト	ぷーたく
カバーデザイン	別府 拓（Q.design）
本文デザイン	別府 拓、奥平菜月（Q.design）
DTP	ハタ・メディア工房株式会社

監修 平野 敦士 カール（ひらの あつし かーる）

経営コンサルタント。カール経営塾塾長。株式会社ネットストラテジー代表取締役社長。社団法人プラットフォーム戦略協会代表理事。

麻布中学・高校卒業、東京大学経済学部卒業。日本興業銀行、NTTドコモを経て現職。早稲田大学ビジネススクール（WBS）非常勤講師、ハーバード・ビジネス・スクール招待講師、BBT大学教授を歴任。現在、日経ビジネススクール講師、早稲田大学エクステンションセンター講師。上場企業を中心に数多くの会社のアドバイザー、研修講師を務める。

著書は『大学4年間の経営学見るだけノート』『知識ゼロでも今すぐ使える！ ビジネスモデル見るだけノート』（監修、ともに宝島社）、『プラットフォーム戦略』（共著、東洋経済新報社）、『カール教授のビジネス集中講義』シリーズ「経営戦略」「マーケティング」「ビジネスモデル」「金融・ファイナンス」（すべて朝日新聞出版）、『マジビジプロ 図解 カール教授と学ぶ成功企業31社のビジネスモデル超入門！』（ディスカヴァー・トゥエンティワン）ほか多数。

X：@carlhirano

カール経営塾
https://www.carlbusinessschool.com

新版 大学4年間の
マーケティング見るだけノート

2024年4月24日　第1刷発行

監修　　　平野 敦士 カール

発行人　　関川 誠
発行所　　株式会社 宝島社
　　　　　〒102-8388
　　　　　東京都千代田区一番町25番地
　　　　　電話：（編集）03-3239-0928
　　　　　　　　（営業）03-3234-4621
　　　　　https://tkj.jp

印刷・製本　　サンケイ総合印刷株式会社